理性地判断，建设性地表达

秋来风起旷野，遍地瓜熟蒂落。赶紧秋收储藏，免得冬天难过。——壬寅白露

插画摘自 @ 老树画画

# 决策之道

·越重要的人越需要·

正和岛 主编

第5辑

中国财富出版社有限公司

**图书在版编目（CIP）数据**

决策之道.第5辑/正和岛主编.—北京:中国财富出版社有限公司,2022.10

ISBN 978-7-5047-7788-1

Ⅰ.①决… Ⅱ.①正… Ⅲ.①企业管理—经济决策 Ⅳ.①F272.15

中国版本图书馆CIP数据核字（2022）第193370号

| | | | | | |
|---|---|---|---|---|---|
| **策划编辑** | 郑晓雯 | **责任编辑** | 张红燕　郑晓雯 | **版权编辑** | 李　洋 |
| **责任印制** | 梁　凡 | **责任校对** | 卓闪闪 | **责任发行** | 董　倩 |

---

| | | | |
|---|---|---|---|
| **出版发行** | 中国财富出版社有限公司 | | |
| **社　　址** | 北京市丰台区南四环西路188号5区20楼 | **邮政编码** | 100070 |
| **电　　话** | 010-52227588转2098（发行部） | | 010-52227588转321（总编室） |
| | 010-52227566（24小时读者服务） | | 010-52227588转305（质检部） |
| **网　　址** | http://www.cfpress.com.cn | **排　　版** | 北京正和岛信息科技有限公司 |
| **经　　销** | 新华书店 | **印　　刷** | 鑫艺佳利（天津）印刷有限公司 |
| **书　　号** | ISBN 978-7-5047-7788-1/F·3483 | | |
| **开　　本** | 787mm×1092mm　1/16 | **版　　次** | 2022年10月第1版 |
| **印　　张** | 7.5 | **印　　次** | 2022年10月第1次印刷 |
| **字　　数** | 160千字 | **定　　价** | 198.00元 |

---

**地址**｜北京市海淀区中关村东路1号院清华科技园创新大厦B座9层（100084）
**电话**｜010-62539800

**正和岛官方微信**｜zhenghedao
**正和岛APP**｜正和岛
**正和岛微博**｜@正和岛标准
**正和岛网站**｜www.zhisland.com

**刘东华**

正和岛创始人兼首席架构师

# 写在前面

正和岛今年推出一个专门为领军企业掌门人服务的项目叫“问道塾”，我生平第一次担当起了“班主任”的角色。感谢一批大师级专家的热情支持和企业领袖的深度信任，前不久问道塾成功开班，开班课的主题叫“抗周期生存需要怎样的极致理性”。

这里所说的“抗周期”，不只是“逆周期”或“下行周期”的意思，而且包含了各种对企业生存构成严峻挑战的不确定因素，乃至这些因素的不断叠加；所谓“极致理性”，则是指企业家如何超越一切感性陷阱和现实焦虑，以强大的心理韧性带领团队穿越各种思维与行动的雷区，稳健地走向基业长青之路。当然，真正的“极致理性”，有时候恰恰需要以“极致感性”的方式来呈现。

这样的话题方向，清华大学社会科学学院院长、中国积极心理学的开拓者彭凯平教授无疑是最理想的指导导师；《从“心随境转”到“以心转境”》也几乎是我根据当下中国企业和企业家的状态，为彭教授量身定做的一个题目。面对百年未有之大变局，企业家朋友们从未像今天这样需要持续强化自己和团队的心理韧性，而强化心理韧性、不断提升自己“以心转境”的能力显然是需要“法门”的。彭凯平教授在问道塾现场面授机宜，对企业领袖们传授的一些重要法门，也很愿意在这里透露一二，和更多的读者朋友们共享。谁让他还是这辑《决策之道》的客座总编呢，哈哈！

# 从“心随境转”到“以心转境”

彭凯平
清华大学社会科学学院院长

感谢东华给我出了这么一个题目。我这个人有点偏爱自己的专业——心理学，无时无刻不在讲，无论谈什么，话题都离不开人性与人心。面对动荡的环境，我确实认为一剂冲破内在阴霾的好方就是培养一种“以心转境、境随心转”的积极心态。

“心境”这个词对我们来说并不陌生，甚至还很熟悉，它时时刻刻与我们相伴。但正是因为太过熟悉，绝大多数人反而把它当成了“最熟悉的陌生人”。

在日常生活中，大部分人都属于“心随境转”的。也就是说，外边有什么样的事情发生，自己就有什么样的内心反应；日子过得好就开心，日子过得不好就不开心；吃饱了就啥也不想，没吃饱就饥不择食；有钱了就买这买那，没钱了就叫苦连天。这些都叫“心随境转”，真实地发生在我们周围甚至我们自己身上，很现实，但并不智慧。

事实上，中华传统文化中，特别提倡“境随心转”，或曰“境由心造”。也就是说，环境、境遇往往可以随着心的改变而改变，这个心包括我们的情绪、认知以及价值观念等。“心随境转”和“境随心转”，只有细微的文字顺序之差，境界却是天差地别。

梁启超先生当年在清华大学国学院教过一门课，叫佛学心理学，他说，佛学就是中国人的心理学。梁先生是近代中国重要的思想启蒙者之一，他为清华大学留下的“自强不息、厚德载物”的校训，激励了一代代清华学子埋头攻读于荷塘月色下，砥砺献身于时代之轮中。

梁先生的解读，让我们茅塞顿开。可不是吗？来自古老印度的佛学，经过中华文化的浸染与改造，融合了儒道先哲们光辉的思想精华，的确就成了中国人“安贫乐道、守正持善、坚韧不拔、心怀天下”的济世炼心的心理学。

“以心转境、境随心转”，这是中华传统文化赋予我们最宝贵的心灵财富：发现生命的意义、战胜一时的抑郁、创造美好的生活、拥抱心花怒放的超然。它也是一种特别重要的技能与方法，让我们不会被不确定性压倒，不会被无助感击败。它是中国的文化赋予我们的一种极为强大的自我成长、自我发展之路，这条路上有风清云淡、大漠孤烟，有秋水共长天一色、落霞与孤鹜齐飞。它是我们的心灵归宿，也是我们的精神家园，我们也把它称为禅。

东晋诗人陶渊明有一首诗：“结庐在人境，而无车马喧。问君何能尔？心远地自偏。”这首诗特别能够反映“以心转境”的境界。试想，在一个热闹喧哗的集市，你坐看人来人往却心如止水；虽有丝竹乱耳、孩童嬉闹，你仍怡然自得。这种境界难道不是很美妙吗？我相信陶渊明在作这首诗时，内心一定是安定的，是“境随心转”的。心之可远，地之自偏。所以，我们才能继续读到“采菊东篱下，悠然见南山。山气日夕佳，飞鸟相与还。此中有真意，欲辨已忘言”这样的绝世佳句。

如此说来，中国人是长于从内心的变迁来改善对外界的感知，再促成环境的变迁的。

那么，我们知道了“以心转境、境随心转”，又该如何去做呢？我介绍五个具体的观念，大家可以尝试着体验练习一下。

一叫“境由心来”。我们内心的状态，其实会呼唤、吸引相对应的进展、场景。比如一个人很聪明，那就会做需要用脑的工作，不然就不匹配。所以“境由心来”，指的是境遇、境界和我们内心的特性很大程度上是彼此呼唤的。

二叫“境由心选”，指的是境遇、境界可以根据我们自己的心理特点来选择、决定。比如一个特别喜欢社交的人，一定经常去参加聚会，这就是“境由心选”。

三叫“境由心应”。人容易对特定情景作出相应的心理反应，敏感的孩子被父母训斥可能会伤心流泪，内心皮实的孩子对训斥可能充耳不闻。这说明我们表现出来的境遇和自己的心理状态是相互呼应的。

四叫“境由心生”。这一点容易理解，就是一个人的心理特性会触发种种特别的场景，所谓“会哭的孩子有奶吃”，这样的孩子得到这样的反应，也因为这样的反应，会越来越多地触发这样的场景。

五叫“境由心造”，也就是说，我们可以通过自己的努力去改变外界的环境、状况；反之也可能境由心灭，我们的心理可能也会让我们逃避、忘却、远离某些境遇、境界。

希望对这五个观念的理解和体验能够帮助您获得更充分的心灵自由。

我特别喜欢苏轼的一首词《定风波》，里面写道：“试问岭南应不好，却道：此心安处是吾乡。”贬谪到岭南这种地方好不好呢？须知，“此心安处是吾乡”。我想对企业家朋友们说，现在市场环境不是特别好，经济状况不是特别理想，未来的确隐藏着很多的不确定性。大家内心可能郁闷、委屈，甚至茫然，但这些都不要紧，因为我们有着“以心转境、境随心转”的伟大智慧与伟大经验。它帮助我们的先辈战胜了无数困难，也将帮助我们战胜当下的困扰，更能帮助我们的下一代战胜未来的艰难。

心中有春天，我们生命的四季都保春意盎然。最后，我衷心祝福大家在生活中、工作中，能够做到拈花微笑、心花怒放、福流澎湃。

彭凯平

扫描二维码
加入《决策之道》共读会
一起讨论，分享笔记、收获

# 目录

## 专题 THEME



## 案例 CASE

## 洞见 INSIGHT

## 书单 BOOK

## 岛语 ZHISLAND TIME

# 专题 THEME

# 对话许倬云、张维迎：世界会更好吗？

我们今天身处转变的关口，中美关系会走向何方？又该如何理解企业家精神？波诡云谲的世界局势下，企业家该怎么办？正和岛邀请到两位重磅嘉宾，在正和岛副总裁、总编辑陈为主持下，享誉海内外的史学耆宿许倬云与经济学家张维迎就“企业家精神与中国文化”这一主题展开了深度交流。以下是此次对话精编。

**许倬云　独家口述**

史学大家、美国匹兹堡大学
荣休讲座教授

**张维迎　独家口述**

北京大学国家发展研究院
联合创始人

**陈为　主持**

正和岛副总裁、总编辑

陈为：在许先生的《许倬云十日谈》这本书里，有很多篇章是讲述中美关系的。世界局势的演变越来越变幻莫测，许先生是不是也经常为大国博弈的情势，包括现在这种纷乱的国际局势感到忧心呢？

许倬云：坦白说，中美目前的这样一种情况的确让我非常担忧。因为美国的霸权地位正在下降，而中国又是其霸权之路上唯一可能阻碍它的对手，所以美国在寻找一切可能的机会，想让中国率先引起争端，这样一来，它就有了挑起战争的理由。我们要清醒地认识到，美国一次又一次的挑衅，就是想逼中国先动手，然后它就有理由大举进攻，在这方面，中国千万不能被其蒙骗。

从经济上看，有人可能担心美国会利用关税政策来制约中国，我觉得这倒不用过于忧虑，因为与中国贸易往来的国家有很多，美国不买我们的产品，我们还可以卖给别人，而且美国的经济本身也处于一个外强中干的状态。所以中国一定要克制住自己，在一些冲突上要把握好度。

从美国来看，美国当下最严重的问题就是内部纪律的涣散和内部矛盾的加剧。一个国家在涣散和凋零之前会出现很多征兆，所以我就在《许倬云说美国》这本书里写下了对美国境况的担忧，今天书中的很多担忧都变成了现实。在我看来，美国的当务之急是约束自己，把自己整顿好，不要垮下去。遗憾的是，美国左派、右派的领袖似乎都没有这种约束和整顿自己的智慧。前任领袖横冲直撞，现任总统犹豫不决，两个人都不大会冷静而睿智地应对危机，这真的是一个让我极为担心的事情。

**企业家遵循的是市场的逻辑，什么地方能为消费者创造价值，什么地方能够赚钱，企业家就会去什么地方办企业，做生意。**

陈为：感谢许先生，我们在乱局之中还是要保持清醒和定力。今天，这种国与国之间价值观的冲突也从隐性走向了显性，但站在企业家的立场上来看，大家还是期望有一个和平、开放、自由的环境，所谓“树欲静而风不止”，在这样一个不确定性加剧的国际环境中，张老师觉得企业家该如何应对呢?

张维迎：在《重新理解企业家精神》这本书的最后一章，我提出了支配人类历史的三种力量，一是市场的逻辑，二是强盗的逻辑，三是信仰的逻辑。市场的逻辑是人们可以相互合作，包括国与国之间的合作；强盗的逻辑是人与人发生冲突，引起国家之间的战争，毁灭财富，甚至毁灭生命；信仰的逻辑是各方都认为自己是唯一正确的，谁与自己的信仰不一样，谁就是错误的。显然，企业家遵循的是市场的逻辑，什么地方能为消费者创造价值，什么地方能够赚钱，企业家就会去什么地方办企业，做生意。

马克思讲过一句话，“工人没有祖国”，但现实中，我们每个人，包括每个企业家都生活在一个个具体的国家、民族当中，如果国与国、民族与民族之间发生冲突，则对企业家来讲注定会是一个巨大的挑战，所以我特别强调价值观冲突给企业家带来的挑战。

回到今天来看，很多人认为中美冲突的本质是利益冲突，觉得中国经济强大了，必然要挑战美国，而美国又很担心这种挑战，做出种种回应动作，陷入了所谓的“修昔底德陷阱”。但这一理解可能是有偏差的，因为从利益上来看，如果企业家都遵循市场的逻辑，互相合作，那双方的贸易是可以双赢的，中美两国之间也会有更紧密的联系，不会存在特别大的利益冲突。

在我看来，中美之间的冲突更大程度上其实是价值观的冲突，也就是中国的信仰和美国的信仰不一样，而这种价值观的冲突一旦超过某一限度之后，它就会战胜利益的和谐，于是就产生了一系列的冲突。当然，中美之间这种价值观的冲突并不是今天才有的，过去几十年里其实也存在，只是当时的中国相对来说还比较弱小，这个冲突并不严重，而且两国也都期待着对方能够改变，这样一种良好的愿望也在一定程度上掩盖了价值观的冲突，所以那些年里两国在市场贸易方面有着比较好的合作关系。

但今天，随着中国国力的日益强盛，这种价值观的冲突没办法再掩盖了，开始变得愈发明显起来，所以今天的企业家面对的环境和十年前，甚至五年前完全不一样了，经营企业必须考虑到价值观冲突可能造成的影响，比如机会的丧失、制裁的风险等。这几年，美国开始频频立法，对中国企业做出种种限制，这样一种情况下，做生意肯定要比之前更难了。

那企业家该如何应对呢？我觉得有两件事是需要做好的：

**第一，要尽量避免从事一些特别敏感的行业，因为这些行业可能会受到严厉的制裁和打压。**在这些行业里，可能你付出了很大的努力，最后却无法取得成功。

**第二，企业家必须遵守合约，承诺过的事一定要去兑现，否则就会变成法律问题。**我看到有些企业已经在这方面吃亏了。

**如果企业家都遵循市场的逻辑，互相合作，那双方的贸易是可以双赢的，中美两国之间也会有更紧密的联系。**

当然，我还是希望能够塑造中美之间利益的一致性，进而使得价值观的冲突变得不那么敏感，这有赖于我们认识的转变。就我个人而言，我相信人类的未来是会走向大同的，从历史上看，过去也有很多看起来无法再合作的国家后来又重新开始合作，当前中美的冲突只是历史中的一个阶段。同时，也希望企业家们可以做出努力，通过市场的逻辑化解国家之间的冲突。在这方面，企业家还是可以做很多事的。当然，这个过程中企业家也必须承担一定的风险，这也是无法回避的。

**经营企业必须考虑到价值观冲突可能造成的影响。**

陈为：我注意到，张老师在书中对垄断持有一个比较宽容的态度，许先生也聊到了罗斯福新政，罗斯福新政其实也是为了社会财富的再平衡，加强了政府对经济的直接干预，但当时的一些企业家其实也有怨言，张老师您是怎么看待美国这段历史的？

张维迎：人类历史的发展其实很大程度与我们的信念或者说理念相关。就是什么东西对我们好，什么东西对我们不好，是我们的一种想法，如果我们这个理念最初就是错的，就会导致一整套错误的政策。

回到刚刚这个问题，我认为罗斯福新政存在一个很大的问题，就是它采用了凯恩斯主义。在凯恩斯主义下，经济的发展就变成了一个总需求的问题，管住总需求就变成了政府的责任，这样一来，政府在经济发展中的作用就变得越来越强了。而这导致的结果是，企业家做事变得更难了，因为他们要面临很多宏观调控带来的问题，不能再像过去一样靠创新来盈利，而是看着货币利率的高低去做生意。我觉得这对经济发展是不利的，对企业家来说，凯恩斯主义经济政策是一种很大程度上的误导。

还有反垄断这个问题，在我看来，很多人对垄断这个概念的理解本身就是错的，垄断在英文中最初指的是政府授予的某些特权，就是一部分人可以做，而另一部分人不能做。比如，1600年英国伊丽莎白一世女王赋予东印度公司从事英国和东方贸易的特权，当时英国和中国、印度之间的贸易只能由东印度公司去做，其他人做就是违法的，这才是垄断。所以垄断是一种排他性的特权，是一种歧视。但现在很多人的理解是，一家企业做大了就变成了垄断，这显然是对垄断的误解。

我在《重新理解企业家精神》这本书里提出了一个观点，发挥企业家精神是最好的反垄断措施，意思是如果让企业家精神得以自由地发挥作用，那企业家本身的竞争就不会让任何一家企业成为一个垄断者。

企业家之间是相互竞争、相互挑战的，他们会对当前的市场主导者构成威胁，我觉得这要比其他反垄断措施更为有效。而且一家新的企业如果能够战胜一家老的企业，一定是因为它做出了更大的市场价值，那它对社会的贡献也就更大。所以我本人更倾向于用市场的力量来解决我们当前面临的问题，包括收入分配问题。

我之前做过很多数量分析，最后得到了一个很值得深思的结论：在中国，如果一个地方的企业家数量多，发挥的作用大，那么这个地方不仅平均收入高，人与人之间的收入差距也相对比较小。

还有一点，要想让工人地位得以提高，享有更多的福利，我认为同样离不开企业家之间的自由竞争。道理很简单，两个人争着买你的东西，你自然可以卖一个好的价格。如果企业多了，工人就有了更多的选择，这家企业不给他提升待遇，他就去别家企业。反之，如果企业很少，一个地方只有那么几家，那工人也就没什么谈判筹码了。

这是我的一些看法，可能和很多人不太一样，但我相信，如果去放眼看世界，去回顾历史，去做一

**发挥企业家精神是最好的反垄断措施。**

些数量分析，一定是会有人认同这些结论的。

> **一家新的企业如果能够战胜一家老的企业，一定是因为它做出了更大的市场价值。**

陈为：1918年，梁漱溟的父亲梁济去世前问了他最后一个问题："这个世界会好吗？"父子二人对此有完全不同的看法。彼时，二十多岁的梁漱溟还是很乐观的，他说自己相信世界会一天天向好的方向发展，但他的父亲没有这么乐观，在问完这个问题后不久便投湖自尽。

两位老师怎么看待这个略有沉重的话题，这个世界会好吗？你们对未来有什么样的期待？

许倬云：我盼望世界会变好，但我们今天也确实身处转变的关口。

一方面，对中国来说，从战国时期算起，到今天已经两千多年了。这两千多年的时间里，我们一直在往前走，往上走，而且走得很稳定，自己的基础几乎一点都没丢掉——也就是说脚下这块地盘基本上一直都是我们自己的，我们一直走在自己的这片土地上。

于是，我们逐渐走向了内卷，而这种内卷又逐渐演化为一种惰性。比如帝王制度就是一种惰性的制度，家族内将王位传下去就行。还有科举制度，也是一种惰性的选拔制度，必须用八股文答卷，而非输出自己的观点。

而这种内卷，我们本来是有好几次机会可以突破的。比如明末清初，外面的人已经来敲门了，但我们没有回应好。最后别人打了进来，我们被打垮了，没了信心，然后变得更加懒惰，成了被人欺负的弱者。

也就是说，过去一千年里，我们几乎没有主动地走出去过。郑和下西洋带回来一点外面世界的消息，但他没有带回来当时已经很兴盛的伊斯兰教世界的信息，即便他自己是伊斯兰教徒，而且他已经到了非洲的岸边，却没能再往前驶去。

所以，过去的种种原因，都使得我们没有主动从内卷中脱离。

另一方面，西方今天其实也是相同的状况：制度在崩坏，群体在涣散，人们懒惰、放松、消极，个人主义的倾向变得愈发严重，这也是一种内卷。如果这个倾向不改变，也就意味着中西两边将同时内卷下去，所以现在是人类文化转变的一个特别重要的关口。

说到文化的建设，我倒是觉得蚂蚁、蜜蜂是很成功的，像非洲的蚂蚁巢可以堆到十几尺高，里面住着几十万只蚂蚁，且秩序井然。当然，我们不是蚂蚁，也不是蜜蜂。但这些小昆虫都可以凭借智慧做到合理分工，我们作为人，难道就不能在个人与集体、秩序与创新之间找到平衡点吗？我想我们应当是可以的。

中国是世界上人口最多的国家，有着几千年的文化根基，我们这十几亿人也有着足够的聪明才智。所以，我们不能把形成世界文化的责任推给他人，不能唯西方是从，觉得他们说的就是真理，是普世的价值。

我认为，中国要冷静地看世界、看未来。以我们的能力带动一部分人，欧美和伊斯兰教国家带动另外一些人，通过这三方的合力，再把非洲的几亿人也带起来，我相信，到那时世界是会变好的。

总之，世界就这么大，不好，我们也无法摆脱其他各方；变好，大家则可以共生共荣。

再说一点，今天是一个数字化的时代，我们的工厂可以做到不间断生产，对劳动力的依赖变得越来越小，对自然资源的消耗却极为庞大。我觉得我们完全有条件开辟出一个新的世界，或者说设计出一个新的分工制度。在新制度下，我们吃得少，营养够；我们的时间一半用于生产，另一半用于创造价值。善用地球的资源和空间，这是

**世界就这么大，不好，我们也无法摆脱其他各方；变好，大家则可以共生共荣。**

人类最高级的演化。我们不是自己消灭自己，而是应该靠着这种演化向上生长，这一点责无旁贷。

《许倬云十日谈》
许倬云讲授 冯俊文整理

广东人民出版社
2022年3月

陈为：许先生说得特别好，人类协作建起来的这座文明大厦本就应该比蚁巢和蜂巢更美、更坚固、更有持续性，我们应该有这个信心和自觉。世界会不会变好，张老师对这个问题是怎么看的？

张维迎：从长远来看，我还是相信这个世界会变得更好。因为人类毕竟是理性动物，我们可以不断学习和总结经验，但在这个过程中，或者短期内，我觉得人类会犯很多严重错误甚至发生倒退。这里面没有什么必然性，完全依赖于我们相信什么，不相信什么。

就像我前面讲的，如果我们相信市场的逻辑，那人类就可以通过合作共同发展，共同富裕，世界也会变得更好。但如果不相信，人类之间就会发生利益冲突，因为我们的观念会变成“我要获得发展就必须伤害你”，那就很难变得更好。就我个人而言，我相信市场的逻辑，而且我相信市场的逻辑将会发挥越来越大的作用，所以我相信世界将会变得更好。当然，如果想要世界变得更好，人类必须要做出更多的努力。比如我们要遵守一些共通的、普适性的规则，如果各方都固守自己的一套规则，彼此不相容，那我们的冲突就会不断，世界也就不可能变得更好。

**如果各方都固守自己的一套规则，彼此不相容，那我们的冲突就会不断，世界也就不可能变得更好。**

另外，我们还要学会互相包容，人与人之间要包容，不同国家、民族和群体之间也要包容，这也是我们需要特别注意的地方。老子讲“知人者智，自知者明”，如果我们过于傲慢，以为我们可以按照某种简单的、机械的、统一的规则来设计这个世界的话，那这个世界可能就会变得比较糟糕了。

我相信，如果每个人拥有更多的自由，人类

《重新理解企业家精神》
张维迎 著

海南出版社
2022年6月

的创造力就会被发挥出来，今天我们面临的环境和能源等问题就会有办法解决，因为资源的可用量并不是固定的，而是由我们的知识水平和技术发展程度决定的。从这个角度看，我对人类的未来还是充满信心的。当然，这样一个美好前景的实现，还需要我们付出更大的努力，毕竟，美好的前景不会自然而然地发生。

本文摘编自正和岛“十日谈”系列直播第二季“想法与活法”
——许倬云、张维迎专场
编辑：夏昆 田兴宇

扫描二维码
观看许倬云、张维迎对话完整视频

**徐石 推荐**

致远互联董事长兼总裁
正和岛问道塾塾友

## 推荐语
## 问道极致理性，笃定韧性成长

问道塾为企业家提供了一种修心问道的方式。在高度不确定的环境下，能敞开心扉、叩问灵魂，从问题出发、从本质归因来研讨和学习，通过身、心、灵的修炼与重塑，以内心的笃定来驾驭外在的不确定性，非常迫切，非常重要。修在其中，我感觉能量满满，快哉、乐哉！

彭凯平教授是研究与传播积极心理学的大家，听他的课很受用，他指出，人的心理韧性有三大指标，复原力、抗压力和再生力；心理韧性强的人，往往有四大特点，有大爱、有快乐、有贡献和有意义。对照自己，知而行之，大有益处！

企业在发展过程中，往往都要历经千辛万苦，走过沟沟坎坎。从迎合机会导向到拥抱长期主义，是一个认识规律、回归理性的过程。我觉得，“合于道”，才是真正的理性；极致理性，就是真正看清企业经营本质后，对经营之道的极致敬畏与尊崇。

极致理性并非没有激情，也不是简单的审时度势、迂回妥协，更不是随波逐流或者“躺平”。追求极致理性，就是叩问企业经营之道、社会进步之道与生命终极之道，以此实现可持续发展与韧性成长。所谓韧性成长，于个人代表一种气质与行为方式；于企业就是穿越经济周期的生存智慧。企业家肩负着企业使命，终究要以种种方式来修炼出这样的理性，最终形成一种不被表象所惑、不为名利所动的气质。

2022年是致远互联创业20周年。不断奔跑的20年，塑造了致远互联专注、坚韧与拼搏的特质。面向未来，致远互联将以笃定、睿智和从容的姿态去面对，以更高的理性、更强的韧性去迎接。企业即道场，事业即修行，企业家就是带着一群人在修行，让生命和生活变得更美好。相信“境由心造”，一起“活出心花怒放的人生”！

## 推荐语
## 企业家有韧性，企业就有韧性

**顾建党　推荐**

菲尼克斯（中国）投资有限公司总裁
正和岛问道塾塾友

2022年的大变局几乎对每一位企业家来说都是真正的煎熬。怀着特别的期盼，我第一次走进问道塾，第一节课就聆听了彭凯平教授的主题分享《心理能量和韧性成长》。在彭教授从“心随境转”到“以心转境”的讲解中，塾友们的内心好像都安静下来了，并慢慢升起强大的动能。

大道同源，殊途同归；大道至简，行稳致远。从VUCA到BANI时代，“无常即恒常”，我们需要极致理性来应对，也需要第一性原理思维——层层剥开事物表象，洞察事物的本质和相互关系，再基于本质一层层往上走，从更高、更深的层面来思考、解决问题。

未来十年什么会变化？这个问题很重要，但更重要的可能是未来十年什么不变，这才是企业经营背后最重要的本体。坚守长期主义理念，把持续创造价值作为安身立命之本，才能在充满不确定性的环境中走得更远。

“要韧性，不要任性”，组织韧性的重要性已成为全球商界的共识，也是企业进化的新趋势。菲尼克斯正在探索建立学习型组织，通过成长型思维打造韧性组织。我曾在菲尼克斯电气中国公司2022年新年致辞《自我拷问，持续成长》中说：唯有放下过去的“成功”，菲尼克斯人艰难的自我超越之旅才能真正开启！没有永远成功的企业，只有持续成长的企业；没有永远优秀的团队，只有终身学习的团队。对于企业家来说，要不断提升自我，更要持续激励他人，用心打造有韧性的团队和组织，实现从个人韧性到组织韧性的系统性跨越。这就要求企业家系统地改变认知和行为，坚持初心，持续进步，提升个人韧性，进而通过与他人的连接实现韧性的传导，共同精进。

“独行快，众行远”，意义的发掘和韧性的提升，需要与他人共振，“营造利他与充满善意的氛围，共修理性决策的科学思维，让信任既有实践理性又有人性光芒”，我想这也是东华老师发起问道塾的初心。

# 提升心理韧性，活出心花怒放的人生

**彭凯平 内部讲话**

清华大学社会科学学院院长

在复杂多变的大背景里，企业家面临诸多经营挑战与心理煎熬。“成功者拼的是心力。”近期，清华大学社会科学学院院长、心理学家彭凯平面向正和岛问道塾塾友做了一次主题分享，呈现了他的观察与思考：新冠肺炎疫情后企业家该如何拥抱积极的心理能量？又该如何避开“任性”的陷阱并有效地提高心理韧性？本文为部分精华内容。

我们如何熬过艰难时刻？这个问题很重要。

通过对大家的前期问卷调查，我发现，在新冠肺炎疫情防控期间，有两个词汇是大家最常使用的。第一个是疫情，很多朋友都会提到疫情，这就是经济学中所说的“黑天鹅事件”，它对国家、社会、每个人都有巨大的影响。第二个是不确定性，所谓不确定性看起来是属于外在的，其实又都是属于我们自己的内在的，因为所有的外在都会唤起内在的感受，这是“灰犀牛事件”，经常被忽视，但对每个人也都影响巨大。所以，我想讲一讲，当“黑天鹅事件”“灰犀牛事件”出现时，优秀的中国企业家、各位问道塾塾友该怎样保持良好的心态，进而影响千千万万人，把积极的能量输送给中国社会，这是一件特别有意义的事情。

## 韧性是应对压力的重要素质

我想从新冠肺炎疫情对我们生活的冲击讲起。疫情这样的挑战，人类是经历过无数次的。《圣经》里有个说法叫“末日四骑士”——“末日”要来了，会有四个标志性事件：战争、瘟疫、饥荒、死亡。现在不就是“末日四骑士”出现的时候吗？国际上有地区冲突，新冠肺炎疫情还没有消除，很多地方出现饥荒，这些都导致死亡。这说明什么？说明“末日现象”是经常性的，它其实并非末日，而是人类共同的“末日挑战”，人类经历过无数次“末日挑战”，还是能够熬过来的。

人有三个器官，是人面对压力、挫折、挑战时的重要保护器官——下丘脑、垂体、肾上腺，它们组成“应激反应三轴心”。人在遭受压力、挫折、挑战以及“灰犀牛事件”“黑天鹅事件”的刺激时，这些器官会释放出大量的压力激素，让身体进入亢奋状态——感觉更敏锐，血液循环加强，心跳加快，手心出汗，肌肉力量、骨骼力量增强。这样的应激反应有什么用？让人做好准备，要么动，要么逃。人类从远古至今就是这样过来的，一面对压力，就产生压力激素，打得过就打，打不过就逃，采取行动之后，压力激素就化解了，也能够进入下一个应激状态的循环。

但是，大约40万年之前，人类出现了一次心智革命，大脑出现了动物没有的皮层，叫“大脑新皮质层”。它有什么用？想事！人类遇到压力时不再简单地或打或逃，而是开始学会了分析，一分析就出现了新问题——躲在床上、躲在家里分析，“为什么是我？为什么总是我？为什么非得是我？”想来想去，压力郁积在心里化解不了，就出现了一系列的情绪问题：焦虑、抑郁、烦恼、暴躁、压抑、恐惧、绝望，乃至当下的一些流行词“丧”“EMO”……这些情绪的跌宕起伏，都是因为压力激素没有及时化解而产生的问题。如果压力激素化解的时间超过7天，还会产生睡眠、消化、免疫系统上的一系列生理问题。

我们该如何应对呢？心理学发现，人和人有很大的个体差异：有些人没能掌握方法，不太能够应对压力，这就是“脆弱”；有些人掌握了方法，能够

**“末日现象”是经常性的，它其实并非末日，而是人类共同的“末日挑战”，人类经历过无数次“末日挑战”，还是能够熬过来的。**

应对压力，这就是“韧性”。

> **有些人没能掌握方法，不太能够应对压力，这就是“脆弱”；有些人掌握了方法，能够应对压力，这就是“韧性”。**

韧性对人生特别重要，因为人生是一场长跑、一场艰难的马拉松。有种论调叫“不要让孩子输在起跑线上”，我想这是错误的，因为没有人是在人生中靠“短跑”成功的。人生前期可以靠体力去奋斗，年轻人应对压力可以拼命熬夜，燃烧身体去完成任务；但是人生到了中期就不该只靠体力拼搏了，中年人一般做不到几天几夜不睡觉，而是要靠智慧、经验、方法去奋斗，特别是要有坚韧不拔的意志，也就是韧性，因为韧性是应对压力时特别重要的素质。

## 心理韧性的三个境界

心理韧性这么重要，该怎么培养、怎样训练呢？心理学家把韧性分成三个境界，我们一个一个地来攀登。

**心理韧性的第一个境界是复原力，也叫作心理弹性、反弹力，是人们从逆境、冲突、失败、压力中迅速恢复的心理能力。**举个例子，我们的航天员都要经过长时间的训练，他们的心理特质、抗压能力绝对非常强，但不要认为他们内心总是一动不动、波澜不惊，那是假的。航天员进入太空时心跳一样会加快，但是，航天员的优点就在于他们在升空时心跳加快，但能很快恢复到正常状态，而普通人做不到。所以，判断航天员心理健康与否，不是看心跳多少，而是看心率、恢复率、变化率。曼德拉也说过：“生命中最大的荣耀不是从来没有失败过，而是失败之后能够爬起来继续前行。”能否复原、反弹，就是心理韧性的第一个境界。

**心理韧性的第二个境界是抗压、耐磨，就是人能否在面对挫折时坚韧不拔、持之以恒地走下去。**华裔心理学教授李惠安（Angela Lee

Duckworth）研究美国西点军校的学员，发现西点军校魔鬼营训练出来的人成为优秀军官的比例非常高，这些优秀军官日后成为优秀企业家的比例甚至超过沃顿商学院的学员。这些优秀军官受过的魔鬼式训练，让他们容易产生抗压、耐磨的能力。

李惠安用一个英文单词“Grit”来描述抗压力，“Grit”指的是铺路的沙砾，你看路上的沙砾，无论压路机怎么碾压，它们都不会变形，这就是一种韧性。中华民族也很推崇这种韧性，“韧”字就是一个“韦”加一个“刃”，“韦”在古文中指煮熟的牛皮，牛皮煮熟以后是非常坚韧的，用刀都难以割断，“韧”就是煮熟的牛皮精神。清华大学校训讲“天行健，君子以自强不息”，也是推崇生生不息的“打不死的小强”精神。

**心理韧性的第三个境界叫“创伤后的成长”。很多人都听说过“创伤后应激障碍（PTSD）”——面对强烈的冲击，人的心理有时很难适应，就会产生创伤后应激障碍。**但是，我们通过调查发现，不是所有人都会出现创伤后应激障碍，大多数中国人面对创伤都是坚韧不拔的，只有大概30%的人会出现相关症状，而且其中绝大多数人可以自我痊愈，包括抑郁症、焦虑症、强迫症、恐惧症等。这说明中国人真的有韧性，遭遇多大磨难都能熬过去，面对多大困难都能挺得住！而且，特别令人震惊的是，有些人不光是能熬得住、恢复正常状态，而且能够变得比之前更好，这就是“创伤后的成长”——由于经历了挑战，产生了积极的心理变化，出现了心理功能的提升。

所以，人们不能说受了伤害之后就没希望了，更不能说出身寒门就没希望了。人不是被过去的经历决定的，最重要的是对未来的想象和奋斗的精神。

这就是心理韧性的三个境界。说了这么多，大

**西点军校魔鬼营训练出来的人成为优秀军官的比例非常高，这些优秀军官日后成为优秀企业家的比例甚至超过沃顿商学院的学员。**

家可能更关心的是：有什么办法提升心理韧性？心理学里有很多方法，比如弗洛伊德的精神分析法、贝克的认知行为疗法等，但往往没有太好的效果。不过，心理学家还意识到，面对压力、创伤、挫折、挑战，与其教人们怎么忘却痛苦，不如教人们想象快乐，用一些心理的积极体验来替代、转移、升华心理的消极体验，这就是积极心理学。

**人不是被过去的经历决定的，最重要的是对未来的想象和奋斗的精神。**

## 如何恢复正常的心理状态？

我在中国是最早提倡积极心理学的，2008年从美国加州大学回国工作后，在清华大学复建了心理学系，主要目的就是希望通过积极心理学让人们知道，不要老是讲消极的事情，应该多讲讲积极的事情，这不仅是一种民间说法，更是一种科学。而科学就是有规律可循，有方法可用，有成果可见的。

人遇到挫折、打击、失败、痛苦，肯定很难受、很委屈、很愤怒，那该怎么办呢？一种应对方法是让自己快速恢复正常的心理状态。怎么恢复正常状态？我来介绍一套心理学家所推崇的“八正”法。

**一是深呼吸。**我们发现一个现象，人在应激状况下出气比较粗重，正所谓“气呼呼”“气鼓鼓”，让内心安静下来的一个简单、有效的方法就是慢慢吸气。深吸几口气，怒气一下子就会消减很多。人冲动的时候特别容易做后悔的事，就是因为愤怒容易让人失去理智，所以，凡是看到令你愤怒的事情，别着急，深吸几口气。这是第一招，深呼吸，特别简单，一学就会，对调节情绪、提升心理韧性很有帮助。

**二是闻香。**人的嗅觉和其他感觉不一样，视觉、听觉、触觉都是“走心”之后再产生情绪反应，而嗅觉的反应速度是最快的，先有情绪反应，再有认知评价。所以，我们可以用闻香的方法来调整情绪，中国古代讲究君子佩香、焚香沐浴，都是调整心情的方法。20世纪80年代我还在北大读书时，到中南海参观过毛泽东主席的卧室，里面一副对联让我非常震撼：万里风云三尺剑，一庭花草半床书。伟大领袖也要调整自己的心情，方法就是养花草、闻书香，从而修身养性。所以说，“君子佩香”，多多闻香是有意义、有作用的。

**三是抚摸身体。**抚摸身体的什么部位？第一，摸胸中部的膻中穴，中医理论认为这里主心包之气，是情绪的集散地，我们经常说心里“堵得慌、闷得慌、憋得慌”，就是指情绪堆积在这里，所以可以多抚摸膻中穴，越摸越舒服。第二，摸肚子，研究发现，肠胃有很多神经系统，这些神经系统不仅会帮助我们消化吸收食物，对于获得良好情绪与幸福感也有很大作用。这是进化的结果。所以，抚摸肚子不只是表示吃饱了，也有安心的作用。第三，摸脖子，很多人伏案工作时间长，可以多抚摸脖子，不但可以缓解生理压力，也能带来心理上的安抚。第四，鼓掌，古今中外都有鼓掌的传统，古人很聪明，发现鼓掌也能让人开心，最好的掌声永远是献给自己的掌声，低落时、开心时，都可以为自己热烈地鼓掌。

**四是幽默。**培养幽默感很重要，幽默来自英文单词humor，为什么林语堂翻译成“幽默”？是指幽幽地想，默默地笑。所谓幽默，是需要一些思考，才会觉得心灵相通、会心一笑。培养幽默感很重要，建议大家多看一些幽默的段子、喜剧，产生愉悦的感觉，从而调整情绪。

**五是倾诉。**倾诉是深度的交流，三言两语的浅谈是不够的。多深的交流才叫倾诉？这不好说，有的人比较敏感，一下子就能进入深度状态。如果非要立一个客观标准，我的建议是30分钟，和一个人聊30分钟就能打开氛围，人与人之间的“破冰”不超过30分钟往往就没效果。大家遇到什么事情，一

**万里风云三尺剑，一庭花草半床书。**

定要说出来，闷在心里可能是会出问题的；如果你有一个朋友愿意听你闲聊胡扯30分钟，祝贺你，你有一个非常好的心理咨询师。

**最好的掌声永远是献给自己的掌声。**

**六是运动。**人运动15~30分钟之后，很累、不想跑了的时候，大脑会产生化学酶，其中包括内啡肽，它会让人觉得不那么难受了。人们经常说“痛快”，为什么痛并快乐着？因为有内啡肽。人们经常说“酸爽”，为什么又酸又爽？因为有内啡肽。内啡肽让人体验到“先苦后甜”的滋味。科学研究表明，人运动15分钟之后会分泌内啡肽，所以，我建议运动要超过15分钟，但也不宜太长，30分钟比较理想。做什么项目都不重要，只要产生内啡肽就行，重要的是在特别累、想放弃时再坚持5分钟。

**七是专念。**专念就是抱元守一，把力量集中在一个部位，让意念守住身体的某个地方，比如气沉丹田，就是把意念沉在丹田部位，比如打太极拳时想象手掌之间有个球，就是把意念集中在双掌之间。意念的专注，对心情的调节、转移有很大作用。比如你开车出行，有人突然插队，甚至引发事故，你可能很生气，怎么办？告诉自己别急，马上把意念集中在手和方向盘的紧密接触上，过个5分钟，气就消了。

**八是写作。**这里所说的写作不是写给别人看，是给自己看，给自己的心理带来安慰。新冠肺炎疫情以来，我前前后后居家隔离了9个星期，其间也一度很痛苦、很难受、很愤怒，但是我发现，写东西确实对心理有帮助——当我们写作的时候，大脑要遣词造句、谋篇布局，理智会占据上风，慢慢压制感性。所以大家也可以写点东西，哪怕不是像写书、写文章那么长，也能够调节自己的心情。

## 如何提升心理韧性？

我们除了要控制负面情绪，走出消极心态，恢复正常心理状态，还要拥抱积极的心理能量，这样才能更充分地提升心理韧性。

怎样的心理能量是积极的呢？那就是你心目中美好与幸福的感觉。美好与幸福的感觉怎么产生呢？我总结了一套调整情绪的方法，称作“五施”，与前面提到的走出消极心态的方法“八正”相对应。所谓“八正、五施”都借鉴自佛学思想。佛学认为人有多种天生的资源，是天生的本领，一生下来就会，可惜很多人忽略了。

**一是颜施。**颜施就是舍得把自己的笑脸献给别人、献给自己。人天生会笑，双目失明的盲童什么笑脸都没见过，出生后也会自发笑出来，因为这是遗传基因的作用。人如果不会笑，就是后天所致的结果，要么是装模作样、装腔作势、板着脸不苟言笑，要么是生活压力太大，被逼得笑不起来。这叫“不压抑”。

**二是言施。**一定要多多说话，爱说话、想说话是人性。为什么领导喜欢讲话、做报告？这样开心啊！为什么教授喜欢拖堂？这样开心啊！甚至网友们喜欢上网八卦也是因为这样开心啊！言为心声，人一说话，心也就能痛快地表达了。这叫“不憋屈”。

**三是眼施。**眼施就是观看，具体怎么做？一个简单的方法是学会“迪香式微笑”。迪香是一位法国人，1862年他做了个实验，把左邻右舍请到心理实验室，对他们的面部进行轻微电击，看看脸上的肌肉会产生什么表情。实验发现，一位小朋友流露的微笑最有魅力、感染力，这种笑容活动了三块肌肉——嘴角肌上扬，颧骨肌收缩，眼角肌收缩，这被称作“迪香式微笑”。人有的时候会装笑，因为人能控制嘴角肌、颧骨肌，但是控制不了眼角肌，如果眼角肌不收缩，就说明是装笑，“皮笑眼不笑”。

“迪香式微笑”有什么用？加州大学伯克利分校进行过一项研究，发现以“迪香式微笑”上镜的

**加州大学伯克利分校进行过一项研究，发现以“迪香式微笑”上镜的学生，结婚的比例高，离婚的比例低，自我评估的幸福感更高。**

学生，结婚的比例高，离婚的比例低，自我评估的幸福感更高，女性笑起来更会增加魅力。

有人可能会问，我已经不会笑了，怎么办？有个特别简单的方法：晚上回家洗漱时拿起牙刷，放在嘴里，用牙齿咬住，立马就能笑起来，再看看镜子。这就是“迪香式微笑”。因为牙刷放在牙齿之间，嘴角肌就被迫上扬，压迫了颧骨肌，再看看镜子里的样子，眼角肌一收缩，“迪香式微笑”就出来了。所以，建议大家刷牙后咬着牙刷，对着镜子，看着自己傻笑几分钟，一会儿就能开心起来。人喜欢自己的时候，会产生爱的激素，爱自己就是有可能的，这就是眼施。这叫“不郁闷”。

**人进化的结果是行动，而不是不动，所以，“躺平”是没有用的，人不是“躺平”的生物，而是行动的生物。**

**四是身施**。行动是人的天性。非洲大草原上，一个人爱动爱跑，另一个人爱歇爱躺，哪个人更容易被猛兽吃掉呢？一定是那个不动的。人进化的结果是行动，而不是不动，所以，“躺平”是没有用的，人不是“躺平”的生物，而是行动的生物。人一定要行动起来，运动、触摸、行善，都能让人开心，大家一定要相信中华民族的智慧：助人为乐。帮助别人是可以让自己开心的，与人为善是可以找到幸福的，这不是空洞的说教，而是确有依据的。这叫“不躺平”。

**五是心施**。就是要多多感悟。“悟”字怎么写？左边是“心”，右边是“吾”，意思是自己要用心多多感悟，感悟也能让人开心。杜甫写“感时花溅泪，恨别鸟惊心”时，各种情感融于自然之中，觉悟就在其中。这种心境可以叫“不刻板”。

## 心态好，更长寿

不压抑、不憋屈、不郁闷、不躺平、不刻板，这样的心灵是充实的、丰盛的，也是幸福而坚韧的。最后，我想介绍一个健康的秘诀。美国肯塔基大学有一位名叫大卫·斯诺登的神经学教授，他追踪研究了600多位修女。她们都信教，都是中产阶级后代，年龄差不多，生活方式一模一样，吃一样的饭，做一样的事，睡一样的床，人生经历几乎一样。但是，研究发现，心态比较积极乐观的修女比心态消极的修女平均多活10年，研究最终总结出了“养心六诀”。

**一是多运动**。这点自不用说，运动使人健康，精力旺盛。

**二是多动脑**。爱动脑筋、爱学习的人容易长寿。大脑神经元的萎缩是人罹患阿尔茨海默病的最大原因，上述研究中的很多修女活到了100多岁，神经元也会萎缩，但是，没有任何人出现阿尔茨海默病的症状。因为她们在人生早期就养成了爱动脑筋、爱学习的习惯。

**三是多做手、眼、心协调的动作**。我们做事，千万不要身心分离，而是要手在、眼在、心在，身心合一才能产生好的效果。比如听课的时候，耳朵听着老师的讲解，眼睛盯着老师的手势，脑子里想着知识的意思，这叫身心合一。反之，一边听着老师讲课，一边看着手机，一边想着昨天的事情，这叫身心分离，身心分离久了，精神就容易恍惚。

**四是多和年轻人在一起**。人是会模仿的生物，会下意识地被感染，领导的秘书会变得越来越像领导就是这个道理，清华大学、北京大学的教授寿命比较长，也是因为总跟年轻人在一起。所以，企业家可以多多陪伴年轻人、照顾年轻人、提携年轻人、帮助年轻人。

**五是多与亲友交往**。亲情、爱情、友情是令人长寿的秘诀，哈佛大学对1932年入学的学生追踪研究了75年，发现健康长寿的秘诀是良好的人际关系。一个人天天琢磨怎么坑人、害

**不压抑、不憋屈、不郁闷、不躺平、不刻板，这样的心灵是充实的、丰盛的，也是幸福而坚韧的。**

人，不光事业做不长，而且会活得难受；总是与人为善、关心别人、照顾别人，更可能健康长寿。很多管理者在职的时候喜欢帮助别人，退休之后日子也过得特别好，朋友很多，人来人往，门庭若市。

**六是多多保持积极的心态。**健康、快乐、长寿是我们要追求心理韧性的重要保障。

希望大家永远拥有积极、快乐、向上的心态，活出心花怒放的美好人生。

摘编自彭凯平在正和岛问道塾首期的内部分享

编辑：王夏苇

## 延伸阅读

**问道塾现场播放完一段视频后的互动交流，摘取部分对话**

问道塾现场播放视频

彭凯平：有些大言不惭，我从事的积极心理学某种程度上代表我对阳明心学的尊重和追随。王阳明先生的心学智慧是“致良知、知行合一”，给了我们方向。心理学，特别是积极心理学，正是努力教大家一些知行合一的方法。大家看的这个视频来自王阳明先生的一个重要观点，“你未看此花时，此花与汝心同归于寂;你来看此花时,此花颜色一时明白起来”。花花草草其实反射的是我们的内心世界。请在座的企业家分享一下看到这朵花时的感触、感悟、感觉是什么？

夏华（依文集团董事长）：我看到后有三种感受。第一种是色彩的美好，我看粉色一下子很感动，那是柔美的力量；第二种是绽放的感动，每一个绽放的瞬间，我都有想流泪的感觉；第三种是肆无忌惮的、美好世界的感觉。不管你怎样，反正我肆无忌惮地绽放。

彭凯平：夏华比较欣赏人格美。后面的两个感觉也特别好，有怒放的感觉以及完全不顾一切的张扬，我把这个体验用一个书名——《心花怒放》概括。怒放是什么意思？不顾一切，张扬，甚至带有挑衅性，就是我比你活出更好的状态。

一个人发财，用谋略、勾心斗角、厚黑学都是雕虫小技，坑蒙拐骗只能赚一时的钱财，但是与人为善、心花怒放，让人开心、让人快乐，这才是赚钱的真正秘密，中国人叫“和气生财”。钱是怎么来的？让别人开心，让自己发财，特别简单！如果老是让别人痛苦，让自己发财，那是一时之力，而且是不道德的。

中国人要改变几千年前的错误思想，以为做生意是干坏事。我经常讲，做生意是最道德的，能够把东西卖出去，是因为让别人开心、幸福、满足。让别人满意，才能让自己发财，一定要讲真真切切的人性。所以夏华说的是人成功、发财的秘诀，要活出心花怒放的快乐活力。

孙兴文（天津津荣天宇精密机械股份有限公司董事长）：我看到这个片子有两种感觉。第一种是静，这朵花灿放、成长的过程中一定有外在的有利和不利因素。晴天有阳光适合它生长，阴天打雷下雨不适合它生长，但它都在生长。

第二种是悦，愉悦的悦。虽然花可能只开一季，但是给自然、给人爱和美的引领，让大家看到它是美的。

作为一个企业，咱们追求的是可持续。如果绽放一段时间，能给社会带来贡献，心里也应该得到一种慰藉。

彭凯平：讲得特别好！“虽然灿放是一时，但是灿放本身就是意义”，这句话是法国小说家加缪说的。有个故事叫“西西弗斯神话”：大力士西西弗斯推石头，快推到山顶时，这个石头滚下来，他就推上去，石头又滚下来，无论他用什么方法，怎么用劲，最后石头都回到原始地。就像我们人一样，奋斗一辈子，最后是一抔黄土，很多人称之为虚无主义。加缪说你们都搞错了，这个过程虽然看起来虚无，却是有意义的。行动的本身就是意义。即使一个人没有伟大的目标，好好活着本身也是意义。企业也一样，即便最后是破产、是衰败，但是曾经做过，而且下决心把它做好，这也是意义。这就是哲学家的智慧。

宋治平（吉林康乃尔集团董事长）：我看完的感受是，这朵花很美，在展示自己这种韧劲。但它是温室里的花，如果是野花，我可能会更感动。

想起几年前，我随着一群人去敦煌走沙漠，每一步都踩在沙子里，看到沙漠里还有一棵棵的小绿草和已经发黄的草。我看到很多人为了不踩沙漠而去踩那个草。我就在群里说，大家不要踩草，特别是已经黄了的。在恶劣的情况下，能够生存的小草就如同我们中国的民营企业，已经发黄了的则是僵尸企业，下一场大雨，它可能就会恢复过来、重新活过来。

彭凯平：宋总讲了特别重要的心理能量——创伤后成长的宝藏，就是“预见”，这是人类一个特别了不起的能力。所有的动物是靠本能和过去的经验生存的，唯独人类有对未来的憧憬能力。我们也发现，凡是想预见未来的人，比不思考未来的人活得长、活得好。就像两个猎人在草原上，一个人射过来一支箭，另一个人大概知道这个箭会射到什么地方，有预见就可以躲开，活下来。如果傻乎乎地站着，就容易被击倒。所以，人要有预见性，要经

图1 彭凯平教授在问道塾进行分享

图2 问道塾塾友合影

常想想未来。

怀旧是思想控制的一种手段。为什么很多人要忆苦思甜？因为要控制别人。而真正的中国人要有中国梦，要憧憬未来，要心态积极，要朝向未来，要有创造力和创新力。所以我们真的要多想想在未来做什么，它不是幻想，而是让人充满行动的力量。特别是在受苦受难的时候，有这个希望是非常重要的。相信人性善良也绝对比不相信要活得好一些。

积极心理学有的时候真的没做什么事，就是给别人一个希望、一种力量，这种力量来自我们对未来的预期。东华老师和正和岛做的伟大工作就是给在座的每位企业家以希望，抱团取暖，永生希望。

徐石（北京致远互联软件股份有限公司董事长）：刚才大家谈到了生命力、向善向美，我能感受到。除此之外，我还看到蒲公英慢慢长出来，飘在空中的烂漫感，还有神奇感。每一个生命都值得尊重，值得敬畏，我们就是那朵花，就是那棵蒲公英。

彭凯平：讲得特别好，每一个生命都值得尊重，每一个生命都是神奇的产物。

社会学教授马克·格兰诺维特发现，人能够发财的秘密是对普通人、陌生人善良。他有一篇文章叫《弱联系的强势效应》，发现很多商机的信息来源和找新工作的机会不是身边人而是陌生人、萍水相逢的人给的。

为什么别人要帮你？只有一个原因——他们觉得你还不错。这叫善良的价值。我们老认为“人善被人欺”，那是变态的社会，正常的社会是“人善有人帮”。这篇1967年写的文章现在是社会学领域引用量排第一的。我们不应该老去学斗争哲学，应该学真正对人有用的知识。经济学当然很重要，但是更重要的还是社会学、心理学。我觉得这两个学科对为人处世、待人接物特别有帮助。善良是有经济价值的，与人为善的好处非常大。谢谢徐石，他是一颗能量闪闪的温暖的石头。

刘东华：看到这朵花，我的心里有一个词——奇迹。有一句话叫“跌到泥土里，开出花朵来”。为什么能够开出花朵来？因为有种子，种子代表生长的奇迹、美的奇迹、绽放的奇迹。面对这么大的奇迹，我们如何对得起它？很多塾友都说到，种子从冒出芽、开出花、结出果实然后变成新的种子，它应该是一个生命的循环、延伸、进化。其实不同生命的韧性不太一样。

前些年在《经济日报》，我不出差的时候每周末都到香山走一走，发现香山的路边有一种松。我看到时就感动得不得了，它现在是一棵很粗的松树。一看就知道它最早是被压在了石板底下的一颗种子，一开始先横着长，没有石头的时候再朝上长。这就是生命的奇迹！

我和马云从2000年就认识，他让我生发出一个词来，叫“基因能量”，这个词是我给组合在一起的。马云长得瘦瘦小小，但是他的生命能量超出人的想象！“基因能量”按今天的画面其实就是种子的能量。在座的各位都不是一般的种子，而是香山路边那棵松树一样的种子。既然有这么强大的能量，我们如何对得起我们身上、我们生命承载的意义和使命？如何对得起它生长的过程？我们在对得起它的过程中，不但要让自己心花怒放，还要让别人怒放；不但要让自己有意义感、有成就感，还要能够带来越来越多的快乐，让自己和企业长寿。

摘编自彭凯平在正和岛问道塾首期的内部分享

编辑：曹雨欣

# 如何打造韧性领导力?

**宋志平　口述**

中国上市公司协会会长、
中国企业改革与发展研究会会长

**张晓萌　口述**

长江商学院副院长、
领导力与激励研究中心主任

疾风知劲草，长青靠韧性。企业生存的市场环境从来不会一帆风顺，每一家追求卓越和基业长青的企业，都要有适应环境的能力。如何构建起企业的韧性，打造“劲草式”企业？企业家如何建立自己的“韧性领导力”，带领团队穿越周期？

中国上市公司协会会长、中国企业改革与发展研究会会长宋志平与长江商学院副院长张晓萌围绕张晓萌的新书《韧性》，分享了韧性组织的特点、企业应对困境的方法、如何发挥韧性领导力等诸多大家关切的话题。《决策之道》摘录对话内容，希望对企业管理者有所裨益。

## 困难，就像黎明前的黑暗

张晓萌：韧性的打造是持续一生的功课。在和您交流的过程中，您提到大学刚毕业来到北京工作，在实验室里很快就被提拔了，当时领导写了一个“韧”字送给您，为什么他给您写这个“韧”字呢？当您带领两个世界五百强企业去改革、转型时，有没有遇到过所谓的至暗时刻呢？

宋志平：我当时很年轻，20多岁就做了一个工厂的实验室主任，虽然对工作有冲劲、有干劲，但是没有太大的耐心，领导看到我这一点，就写了一个“韧”字送给我。这个字指导了我大半生如何做企业，所以我对“韧”这个字是有所感触的，尤其是对年青一代来讲，这个字确实是非常重要的。

做企业不会像过五关斩六将那样顺利。说是“马到成功”，其实马到了也不一定成功，往往需要艰苦卓绝的工作才能最终取胜。对每个做企业的人来说，韧性是对一个企业家的基本考验。我其实每年都遇到几个小困难，几年遇到一个大困难。

例如我在北新建材时就遇到过不小的挫折，面临与跨国公司竞争的压力。还有在2008年金融危机的时候，中国建材在香港上市的公司股票被卖空，股价从40港元掉到1.4港元。这几段经历给我挺大的启发，所以我常常会分析如何面对和应对困难。

**困难的时候往往是企业进步最快的时候，也是人进步最快的时候。**

张晓萌：心理学理论告诉我们，情绪并非源于事实，而是源于人对事实产生的想法、观念。可不可以说说您的困难观？

宋志平：我觉得有以下三点。

**第一，其实困难是客观的，不可能没有困难**。你困难、他困难，大家都困难。可能每个人有每个人的困难，但是这不可怕，因为困难是客观的。

**第二，最困难的时候你得挨得住，得坚持**。不能当逃兵，也不能“躺平”。困难可能是黎明前的黑暗，但最黑暗的时候，也说明天快亮了。有的人可能会说，既然黎明前有黑暗，说明最困难的时候快过去了，那我就“躺平”等着吧。其实我也不赞成这种态度。困难来了，你一定要经历，才能成长。

**第三，解决困难得靠我们的努力**。这一点也是我们企业家的本能和企业家的精神所在。困难的时候往往是企业进步最快的时候，也是人进步最快的时候；反而顺利的时候企业和人进步比较慢。所以有时候我也讲，谁都不愿意有困难，但是又要珍惜困难，既然它来了，就不要当“鸵鸟”不面对，而是要积极地想问题，它可能就会变成非常有意义的一段经历。

## 打造“劲草式”企业

张晓萌：我们探讨企业家精神时常常提到一句话：“在不确定性中寻找确定性。”这可能就是企业家该有的一种责任和担当。这种责任感对您打造韧性起到了多大的作用呢？

宋志平：我认为企业家肩上的担子是很重的，我们要为企业负责，因此无论面对多大的挫折与困难，都要挺过去，这种坚持就是我打造韧性的出发点。

过去常说“疾风知劲草”，有时候我想，劲草便是有韧性的草：一是它根基牢；二是它不脆弱，风刮几下也没关系。但有的草一刮就跑了、断了。我们要做经得住风刮的“劲草”，要做有韧性的企业，实际上就是去强化我们包容以及抗风险的能力。

张晓萌：您提出来的“劲草式”企业，我觉得非常有意思，它带有一定的韧性。一家企业的韧性打造，企业领导者特别是一把手往往起了关键的作用。我们在调研中也发现，在危机中，最能增强员工信心的就是一把手和高管亲自上阵鼓舞员工士气。

宋志平：是的。

**打造“劲草式”企业，首先需要领导者从自身做起，领导者的精神层面需要具备韧性。**对于企业家来讲，情商、智商至关重要，但往往逆商才对成功起到决定性作用，也就是我们在逆境中抗风险和复原的能力。成为有韧性的“劲草式”企业家，才能带领自己的企业一起生存下去。

**其次，需要一点点地积累，也就是你书里提到的“持续小赢”。**对于企业来说，能生存下来就已经是强者。但如果还想要长期存在，就需要持续不断地增加组织韧性，如同“滴水穿石”的故事一样。我们的企业不可能一步登天，但如果坚持一步步地强化组织韧性，就能真正成为吹不倒的“劲草

**在危机中，最能增强员工信心的就是一把手和高管亲自上阵鼓舞员工士气。**

式"企业，实现基业长青。

> **既然我们在当前避免不了不确定性，就要把握好我们可以掌控的，提前准备、布局。**

张晓萌：是的，这也是企业长期主义的体现。

## 企业家的精神底色，是韧性与达观

张晓萌：我在跟我们企业家学员交流的过程中，发现他们大致有两种类型。一部分企业家在面临巨大危机的时候很悲观，很难走出来；但另一部分企业家特别坚韧，他们的心理弹性更强，而往往后者更能在逆境中生存下来。从您这么多年的工作经验看，企业家如何在一次次的打击中重新站起来，如何保持一贯的乐观呢？

宋志平：我几年前写过一篇文章叫《企业的格局和能力》，其中能力分为四种，分别是应对力、抗压力、复原力和免疫力。也就是企业能不能对抗风险，能对抗多大的风险；困难过去后我们多久能恢复，且能不能总结经验预防下一次危机。做企业的道路一定不是平坦的，必然会碰到危机，企业家就是要在这些不确定性中找到确定性，锻炼好自己的心力，也就是"韧性"。

张晓萌：我发现企业家的焦虑和悲观有时候就源于失控感，因为从行为学角度来说，我们越能掌控身边的事情，心理健康状态就越好。而在当前不确定性为主流的状态下，确实许多企业家就陷入了无边焦虑。而我主张，既然我们在当前避免不了不确定性，就要把握好我们可以掌控的，提前准备、布局，而当未来机会来临时，也许就能迎风而起了。

宋志平：是。现在要去解决企业家的焦虑，用盲目乐观的方法并不行。喊口号只能让他们认为这种乐观毫无根据，变得更悲观。所以我主张大家应该"务实达观"，不过度悲观或者乐观，要学习辩证地看问题，看得开，达观些。今天对我们很多企业家来讲，如果你过度悲观，就可能失去很大的机会。困难是客观存在的，如果别人在干，你不干了，机会就流失了。

达观意味着我们要在直面困难的同时，以积极的心态去解决。悲观是无用的，还是要振作起来，越艰难的时候我们越要鼓足勇气。我觉得这是我们做企业家应有的本能。

张晓萌：是的，这就是企业家的精神底色。我特别同意您刚才讲的这些点，我们即便身处不顺心的环境，还是得保有这种对未来的信念感，一种达观与长期主义的心态。这其实就印证了我写的打造韧性的第一个基础——觉察。我们在不断的对外觉察中调整自己，把眼光放长远，避免陷入某种情绪中，就能获取意义感，预防焦虑情绪。

## 持续小赢，修炼正念

张晓萌：那从您的角度来看这些总是能够东山再起的企业家，他们最明显的特质是什么呢？

宋志平：我觉得这些人最大的特点是，他们虽然眼前失败了，但是他们没认输，信念感始终在。输了，他就要再赢回来一局，所以这种企业家具有东山再起的心理韧性。

张晓萌：您提到过，企业家就是为解决困难而生的。

宋志平：在目前这种情况下，我还是觉得应该弘扬这种不认输、不轻易言败的企业家精神，我觉得这非常重要。我们说当前经济有三重压力：需求的收缩，供给的冲击，还有预期的减弱。可能最重要的就是预期的减弱，因为预期减弱了，人就不愿意消费，也不愿意投资了。

**无论一天下来有多疲惫，还是要思考令自己开心的几件事，哪怕它们小到不值一提。**

你的《韧性》这本书提到，每天记录令自己高兴的、幸福的三件小事，其实这就是在调整我们自己的心理预期。我觉得这对于个人和企业都非常重要。现状再难，也要创造一些积极的想法，“持续小赢”，企业家及其组织才能获得克服焦虑的韧性。

我自己也对此深有体会，以前我在广州跑过销售，去推销石膏板。那时候我在一个客户那儿碰壁了，就想我都从北京这么远跑到这儿了，决不能就这样空手回去，我看到客户楼道里正好有个板凳，就在那儿坐着等了一上午，最后打动了他。后来好多人问我：宋教授，你当时怎么度过这漫长的半天的？我回答说：我就想愉快的事，那些最难挨的时刻我就想最开心的事，我开心的事还没想完呢，对方就把门打开了，其实我还可以再想几件开心的事。

**好的企业领导者如何影响员工？靠的就是传导你自己的信念，靠的就是文化的穿透力。**

张晓萌：这个例子让我想起“心随境转”这个词，而韧性的修炼，就是让自己从“心随境转”变到“境随心转”，不被外界的变化过度影响自己的心态。要实现这种改变，我们就必须依赖“持续小赢”的方法。就像您刚刚说的，自己坐在板凳上也能不停地去思考美好的事情。所以我也建议广大读者，无论一天下来有多疲惫，还是要思考令自己开心的几件事，哪怕它们小到不值一提。长此以往，我们就能够积累自己的正念，将心理素质锻造得更具韧性，这样无论发生什么事，我们都能够比他人更快地恢复。对于那些能够在困境中重生的企业家来说，这样的正向思维与积极信念或许正是他们东山再起的根本原因。

## 组织韧性的核心是领导者

张晓萌：我在许多文章和采访里都看到，说您从不发脾气，永远都是和颜悦色的。人总免不了有情绪起伏，但您通过这么多年的历练能快速地化解，不给员工传递负面情绪，而是传导坚韧的信念，体现了一个企业家应有的担当。在书中关于组织韧性的部分我也特别强调，面临困境时企业家如何给员工积极的回应是至关重要的。这一点您是这样看的吗？

宋志平：是的，首先要强调，不要在有情绪的时候做决定。我们做领导有的时候会埋怨下属，我觉得这个情绪是不对的。艾森豪威尔讲过，有成绩给大家，有责任自己扛，这是做领导的一个特质。就像你提到的“持续小赢”的概念，我认为领导企业不是靠情绪化的表达，而是靠春雨润物细无声的引导和教育。好的企业领导者如何影响员工？靠的就是传导你自己的信念，靠的就是文化的穿透力。而说起我这么多年的企业经历，我不觉得领导大家有多么困难，就是自己先做好，自己朝着正确的方向走，大家自然就会跟着你。

张晓萌：我在课堂上经常跟企业家学员说，如果你真的希望员工有所改变，你自己要先改变。你作为这个企业的领导者，必须以身作则，持续积累自己的韧性理念，由此才能向下传导给员工，最终打造好企业的整体韧性。

宋志平：所以我也认为当下特别需要这种具有韧性的企业家精神，我对此的理解有三点：

**第一是创新，这是企业家的共性。**

**第二是坚守，就是企业家要能够长期坚守。**刚刚我们也讲到了长期主义，伟大的企业都是经得起时间考验的。有句俗话说，“弯的扁担不容易断”，我也想在这里建议我们企业家都成为这种“弯的扁担”，增强我们的韧性，增强我们对于社会、对于经济发展的适应性。

**第三是责任，做企业家要承担巨大的责任。**作为企业家我们可能有很多困苦，但有时我们不得不埋在心底，因为下属的心理素质可能不如自己强，

**智者相伴，征途浩瀚。**

而企业家的责任就是分得清什么可以传递给下属，什么需要自己去消化。当然并不是说只能表达乐观，而是我们在团队遇到困难的时候更不能传递焦虑，也不能吓住大家，要把握好这个度。

总之，终极目标就是增强组织整体的韧性。而组织韧性的核心是企业家自身的韧性，如果一个企业家自己没有韧性，却要求大家有韧性，那是不可能的。

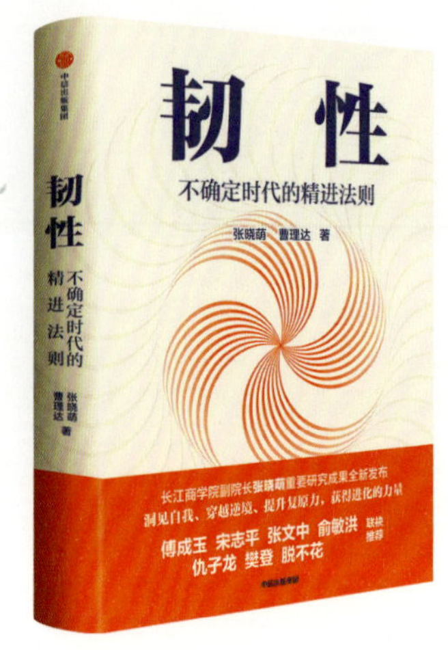


《韧性》
张晓萌 曹理达 著

中信出版集团
2022年8月

张晓萌：在我们的研究过程中也发现，企业领导者的韧性确实比中基层的员工要高，但企业家一个人的韧性并不能代表整个组织的韧性。所以打造韧性企业的核心问题就是，领导者如何能够把自己的信念传导给团队，最终使整个企业有动力运转起来。我经常跟企业家学员讲：“未来我们要‘智者相伴，征途浩瀚’。”所谓智者，就是乐观、积极向上，持续不断地去思考和反思，这样才能把打造韧性落实到生活中的每一天。

本文来自长江商学院

编辑：曹雨欣

## 延伸阅读：企业家眼中的“韧性”

在全球百年未有之大变局下，不确定性已成为常态。在不确定性中寻找确定性，是企业领导者共有的焦虑与担当。因此，自新冠肺炎疫情暴发以来，“韧性领导力”就成为新的时代召唤。对绝大多数的中国企业家来说，“韧性”这一概念并不陌生，但是深究起来有很多似是而非的误读，对于提升韧性，也缺乏可靠易行的方法指引。我很欣喜看到《韧性》的出版，希望每位读者都开卷有益，在不确定性的磨砺中成长为高韧性的领导者，积极影响身边的人，从危机中受益，推动社会经济的快速复苏和强势反弹。

傅成玉 中国石油化工集团公司原董事长、党组书记

基业长青是许多创业者和CEO(首席执行官)的理想，但能够真正践行长期主义的企业少之又少。同样，能做到坚持、坚守、坚韧的个人更是少数，可见知易行难。坚持是必需的，但它需要勇气，需要智慧，更需要时间的考验，不仅包括突如其来的大起大落，还包括在平凡日子里的久久为功。人的自我改变和升华是最难的。如何在长期奋斗中学习、创新、突破和超越自己？晓萌教授这本书的独到之处在于将韧性的历练落实于日常和当下，转化成每天触手可及的微小习惯，积小赢，成大胜。由此，持之以恒不再是一成不变的苦熬，而是做乐观主义者，做深入的思考者，做积极的实践者，做持久的奋斗者。

张文中 物美集团创始人、多点DMALL董事长

我常常被认为是一个有韧性的人，新东方一直以来在积极探索并转型，也被认为是一个有韧性的企业。韧性是什么？英文是resilience，《牛津简明英语词典》的解释是resuming its original shape（恢复原状），或者指人readily recovering from shock, depression etc.（从打击绝望中快速恢复），也就是指一样东西、一个人、一个组织从压力、挫折中复原的能力，或者说愈挫愈勇的能力。这种能力对于一个人或者组织的成功和发展有着非凡的意义。

俞敏洪 新东方教育科技集团创始人

摘编自张晓萌新著《韧性》

# “我不相信运气，命运要掌握在自己手上”

周炜 独家口述

创世伙伴资本（CCV）
创始主管合伙人

资本市场是经济的晴雨表。新冠肺炎疫情发生以来的这三年，经济的起伏波动，对资本市场尤其是风险投资圈子而言，可谓冷暖尽知。

在中国风险投资行业里，创世伙伴资本（CCV）创始主管合伙人周炜可谓成绩亮眼——以35%以上的独角兽命中率获誉“独角兽猎手”。更难得的是，物理电子技术专业背景、爱好科幻文学的周炜，对投资与经营、命运与人生都有着笃定与坚韧的态度。他对宏观经济有何思考？他对企业家、创业者有哪些心里话分享？《决策之道》近期与周炜进行了一场深度对话，本文为对话精编。

## “独角兽猎手”的宏观洞察

《决策之道》：2022年年初，您曾公开表示“创投‘拐点’不可怕，未来20年投资机会远超以往”，认为“投资方向、创业方向都会存在拐点”。另外，客观来讲，2022年的宏观形势是不确定的。那么，现在您仍坚持“创投‘拐点’不可怕”这一观点吗？您认为这一“拐点”可能“拐”向何方？

周炜：过去20年的大部分时间里，我们国家高速发展，拥有了现在强大的经济优势、产业供应链优势以及技术创新优势，拥有了远超日本、德国等经济体的能量，尤其是其中的产业链复合优势，短时间内是没有国家可以替代的。所以哪怕宏观形势出现波动，我们仍然有保持乐观的基础。

但是，不确定的因素也是比较多的，毕竟国际形势变化太快。我们做出所有规划的前提，都在于规划的基础不会出现黑天鹅事件，在上述优势的前提之下，我们是很有信心的。

《决策之道》：是的，近两年的宏观环境充满不确定性，但2022年8月底胡润研究院发布了《2022年中全球独角兽榜》，表示2022年上半年全球独角兽企业数量增长24%，增至1312家；也有行业观点认为“成为独角兽变得越来越‘简单’”。您怎么看待宏观环境不确定与独角兽企业仍不断涌现之间的关系？

周炜：这两者其实不矛盾。

第一，我们要考虑到通胀的因素。独角兽企业的门槛是10亿美元，而这个概念已经出现十几年了，10亿美元的实际价值已经不同了。

第二，当前主流的创业企业和十年、二十年前不一样了。早年的互联网企业融资一两百万美元就能够爆发式成长，但是今天很多创业企业大量介入了研发、生产等环节，这些环节对资本的需求也相对更大，比如芯片企业对资金数量的要求跟过去的创业企业是不可同日而语的。企业融资金额很大，也就容易达到很高的估值。

第三，现在越来越多的企业有机会成为国际性的领先企业，而不仅仅针对单一市场，所以想象空间也变大了。

总体来说，我认为2022年企业的成长比起前两年来说是放缓的，但全球“放水”对独角兽企业的发展同样也有影响，比如东南亚的独角兽企业最近就特别多。

**现在越来越多的企业有机会成为国际性的领先企业，而不仅仅针对单一市场，所以想象空间也变大了。**

《决策之道》：不过，东南亚的一些独角兽企业2022年也遭遇了经营形势逆转，传出大批裁员的消息。

周炜：东南亚的有些市场其实是存在泡沫的，因为东南亚并不是一个统一市场。如果一个创业项目在东南亚估值非常高，那在中国广东省做一家只针对广东省的创业企业，也应该有相同的估值。

风险投资并不是一个放之四海而皆准的商业模式，一些人觉得风险投资是一种自然而然、应该存在的商业模式，就像路边就应该有餐厅一样。但我们看看全世界，能够存在超过20年的成规模的、机构性的风险投资模式，只有中美两国才有。日本、韩国、中国台湾地区、欧洲、印度，曾经也在风险投资领域非常活跃，比如我刚进入风险投资领域的时候，日本、中国台湾地区有大量的独立风投机构活跃，但今天还能看得到吗？它们现在只有企业风险投资基金，也就是CVC，它们的风投机构可能最多存在10年就消失了，甚至连行业都不存在了。

**风险投资很像桃花水母。桃花水母只有在非常优质的水体里才能生存。同样，风险投资是非常脆弱的东西，有了完整的生态环境才能持续存在。**

风险投资很像桃花水母。桃花水母只有在非常优质的水体里才能生存。同样，风险投资是非常脆弱的东西，有了完整的生态环境才能持续存在。基于这种原因，风险投资机构在大部分地方都是起起落落的，不能长久存在。

东南亚的创投领域火热，在我看来，很大一部分原因是过去中美两国是最大的风投市场，最近这些年里，东南亚一直在模仿中美模式。同时一些国际资本由于国际格局的原因选择迁移市场，但是有哪里可以去呢？目前看来，东南亚似乎是一个选择，市场逐渐热起来的过程中，就难免会有一些泡沫。但是同时，东南亚在移动互联网发展上的滞后，确实给了既有模式一个新的增长机会。所以不可否认，东南亚会出现一批非常优秀的创业企业，虽然其最终规模可能和中美市场上的成功企业有差距。

《决策之道》：您在创投圈里被称作“独角兽猎手”，精准地挖掘过很多早期的行业领军企业。那么，在不确定的宏观环境下，您的投资理念有对应的演化吗？

周炜：风险投资的基础理念应该一直都不会

有变化。我认为从事风投，第一是要对未来有想象力，所以我推荐大家多看看科幻作品，科幻作品能帮助人想象未来是什么样的；第二是要对时间轴非常敏感——读普通的书不会让人在时间轴上来回跑，读科幻作品却可以，很多科幻作品都是穿越时间的题材，你永远可以假设，再来一遍的话，某个方向要怎么走，这样能够帮助人思考商业模式的各种可能性——有了时间轴这个概念，就可以去预测什么时候才是正确的时间点。

在时间轴这一点上，其实我是很有感悟的。

虽然做风投基金是投资未来，但这个行业是有生命周期的，到期就要退出，你不可能在今天去投资一个20年后才会发生的事情。某种程度上，这个行业的这个特征，也影响了一部分更有远见的投资的可能性。

2006年我加入了凯鹏华盈（KPCB），那时全球公认它是风投界第一名，现在很多人可能对它都不太了解了。KPCB过度地、太早地把几乎全部的资源投入绿色科技中，也就是今天我们所说的“双碳”领域里，现在回头看看，时机是不对的，那时太阳能、风能等技术不够完善，成本结构也不合理，国际上、政策上对气候变化的理解也还不太充分，然而KPCB为之投入了大量的资源——美国前副总统戈尔被KPCB请去当全职合伙人，不是挂名顾问，而是天天坐在办公室上班。在超过十年的时间里，为了推动绿色科技，天量的资金就投进去了——从纯粹的商业回报角度来看，这个时间点不对，太早了，如果是在五六年前重注押宝，特别是在中国投资，不管是投资电池还是新能源汽车，那可能今天KPCB就是最大的赢家。所以，时间轴这个概念非常关键。

但是，如果从推动全世界对环境的关注，以及当年的投资对今天的技术成熟、市场成熟所起的社

**推荐大家多看看科幻作品，科幻作品能帮助人想象未来是什么样的。**

哪怕宏观形势出现波动，我们仍然有保持乐观的基础。

会效益等角度来说，KPCB所起的作用是巨大的，对此，我对KPCB当年的努力充满尊重。这其实也是风险投资年限这个问题造成我们在强调前瞻性的同时又遭遇了时间局限，这是我的遗憾。

在想象力、时间轴这两个前提之下，**首先，我希望我们投资的企业能够给人们的生活带来正面影响，这一点特别重要**。我们投资过京东，我对此非常自豪，我很喜欢京东，身边的人也几乎没有人没用过京东，这当然值得开心。同时，京东对人们来说都是有一定价值的，尤其在新冠肺炎疫情防控期间，我对它的“自杀式物流服务”感到非常自豪。能够在早期投资京东，能够帮它成长到今天，这是一件很有成就感的事，是我作为一名早期科技投资人的特别大的动力来源。

**其次，我们坚持投资的企业一定要有技术，要能带来变革**。这就是为什么虽然很多消费领域的企业很赚钱，我也一直没去参与投资。我始终觉得，没有技术含量且不停地去开很多连锁店这件事不能让我兴奋，但如果里面有一些做法具有更高的技术含量，那可能会让我心动。

**最后，我们希望被投资的企业能够努力实现基业长青**。我还是希望日后儿孙们说起来我们投资过的企业，仍会觉得是很好的企业。

这三点都是我们创世伙伴作为一家早期投资机构所坚持的。

当然，细化来讲，宏观环境变化了，那投资理念要不要变化呢？每个阶段都是有各自的主题的，PC时代有PC时代的主题，移动互联网时代有移动互联网时代的主题，那么，更早地比别人理解载体变化之后上面生长出来的应用会有什么特征，这是一种特别重要的能力。

举个例子，移动互联网当年兴起的时候，我们是怎么投资内容平台的呢？那时很多人并不认同

UGC（用户生产内容）路线，市场上的音频平台大都是走PGC（专业生产内容）路线，而我们投资了喜马拉雅，并且坚定地认为这个领域一定是UGC主导的，因为手机这个载体本身带有麦克风、摄像头，与人是24小时都在一起的，它的使用形态和PC是不一样的。今天大家都明白了PC和手机对内容贡献的区别，但是在我们投资的时候，大部分人还不明白这一点。所以，对大环境变化的理解是必需的。站在今天来说，如果充分理解了中国在AI、自动驾驶和机器人等技术和产业链上的优势，以及这种优势对下一个万物智能时代意味着什么，就会明白下一步应该是怎么发展的。

## 未来的路，企业经营者怎么走？

《决策之道》：这两年，受种种因素影响，国内创投领域一定程度上有热度减退的迹象。您曾表示，国内创业者已经从模仿国外演化到战略创新、技术创新。身在创投领域前沿，您认为国内创业者下一轮发力的方向可能在哪里？

周炜：中国的企业家想要发现新的创新点的话，一定要看自己有什么优势。很多人可能不认同这一点，但我有很强烈的感受——经过20年的磨炼之后，中国企业家在定义下一代产品的能力上是非常强的。

乔布斯成功地定义了智能手机，他下定义，别人来学。特斯拉也是一样，定义了新一代的智能电动车。现在是硬件复兴的时代，中国在硬件供应链上有优势，基于这一优势，如果中国企业家有了定义下一代产品的能力，最终就会变成标准。

**中国的企业家想要发现新的创新点的话，一定要看自己有什么优势。**

举个例子。我们创世伙伴投资了做无人农机的中科原动力和无人叉车公司劢微机器人，这两家公司的创始人都有定义下一代产品的能力。什么意思呢？比如一些厂商把自动驾驶等一系列技术合成在一个“模块”里，放在传统的叉车上，它就能实现无人功能。但是我们认为，新一代的产品应该是重新设计和定义的。在原有产品上加一个新功能，就像今天一些传统车厂做新能源汽车智能化一样，设计思路都和之前差不多，只是加了两个屏幕。这是新一代的新能源汽车吗？可能不是的。

我觉得现在中国企业家定义产品的能力非常强，把这一点发挥好，再与智能时代的AI、自动驾驶和机器人这三项技术结合起来，一定能定义出新的产品来。

**做产品最终还是要打出自己的品牌。**

《决策之道》：“对产品的定义能力”和“一流企业做标准”有什么区别？

周炜：说实话，在真正的底层标准上，我们还没有明确优势，比如很多中国的新能源汽车厂家，很多技术都不是自己独有的。

对产品的定义则不同。举个例子，为什么你用iPhone？现在很多安卓手机的硬件不逊于iPhone，你还用iPhone，可能是因为它的操作系统非常顺畅，用起来非常舒服，这就是人机交互的优势。定义一个产品，最重要的一点就是要让人机交互做得毫无切换成本，用户学习起来毫不困难，用起来得心应手，这就是最优秀的产品定义，在to C领域尤为重要，在to B领域也是需要的。

做到这样的产品定义有什么好处呢？第一，全行业都会跟着你的这条路走；第二，一旦你做到了，品牌就立起来了，做产品最终还是要打出自己的品牌。我期待见证未来中国能够出现一大批让全球市场都非常信任的品牌。

《决策之道》：2022年，很多企业甚至互联网领域的一线巨头都开始收缩业务阵线、压缩成本，很多人对未来的展望也都是偏向保守的。这种态势，与您“未来20年投资机会远超以往”的论断是否冲突？在谨慎的生存策略与未来的发展机会之间，企业经营者该如何寻求其中的平衡？

周炜：这真的很矛盾，一方面是通货膨胀，另一方面是大家不敢花钱，钱存在银行里，眼看着它贬值。但我想，我们所担心的很多问题，其实都受到国际国内宏观形势的影响，如果一家企业确定是走在未来成长的方向上，事业的时间点也踩对了，就先不要考虑那么多。

我一直是这么看的：覆巢之下，焉有完卵。风是可能把鸟窝吹掉的，风来了，鸟肯定要担心一段时间，得决定还要不要继续在鸟窝里待着，最后拿出一个判断来。如果鸟觉得风把鸟窝吹掉的可能性是99%，那就不应该再在鸟窝里待着了；如果鸟觉得鸟窝被吹掉的概率没那么大，不会被吹下来、摔碎掉，那就该干什么就干什么。鸟窝会不会被风吹掉，跟鸟的能力、努力没有任何关系。

所以，我没有什么具体的建议可以给企业界的朋友们，只想说，只要你的方向是对的，该做就做。

## “别焦虑，多看看科幻”

《决策之道》：再请教您几个相对轻松的问题。2022年，您经常在内部会议里呼唤团队“不躺平不放弃”，的确，在一级市场形势更加严峻的背景下，需要更加振作应对。您也是科幻迷，《三体》里有个故事：三体人在乱纪元环境恶劣、“三日凌空”的时候选择“脱水”，等待恒纪元到来，再浇水复活。您怎么评价三体人的“脱水”？如果我们进入宏观环境的乱纪元，“脱水”是否也是一种合理选择？

周炜：大部分三体人“脱水”的时候，还有一部

**鸟窝会不会被风吹掉，跟鸟的能力、努力没有任何关系。**

> **只要你的方向是对的，该做就做。**

分会躲在相对恒温稳定的“金字塔”里，他们不“脱水”，而是保持清醒，观察形势，为大家做决定。我想我是后一种人。

某种意义上，选择“脱水”就是把命运完全交给别人；而且“脱水”之后进了干仓，也会被老鼠啃食，缺胳膊少腿。我自己肯定是不会这样做的，我一定要自己掌控命运，不会把命运完全交给别人，我觉得绝大部分创业者应该也都是这种性格。

中国文化里比较推崇“蛰伏”，就是所谓“脱水”——时机不对的时候就归隐田园，韬光养晦。但是，为什么有些人过十年、二十年还能出山，大家还把他当回事，他还能做一些事呢？我觉得是这些人在“蛰伏”之前就做对了某些事。风投圈里这样的例子太多了，有些人可能十年前投了几家企业，一直不温不火，结果后来投过的一家企业突然爆火，公司上市了，投资人也风光了。但是，可能每出现这样一个例子，就有100个同样“蛰伏”过的投资人从此再也不见了，这叫幸存者偏差。

上学读书的时候，我一直没想明白，为什么曹操那么看重司马懿，多少次请他出山？司马懿躲着不当官，甚至还装疯，这个人怎么这么牛？现在，我读多了史书，才知道汉、晋、隋、唐这些朝代，皇帝的权力没那么大，国家是被世家、大家族统治的。实际上，司马懿是一个超大家族的长子，曹操是希望把他的势力争取过来。有人总觉得自己有能力就可以——我“蛰伏”起来，总有人来请我——但这是不可能的，还是要有足够的实力才可以。

所以，我还是不赞同“脱水”。“脱水”了，“躺平”了，你就没有任何行动力了，就对市场失去敏感性了。不要把命运交给别人，还是要掌握在自己手里。

《决策之道》：您是一位勤奋又专注的投资人，

不过，2022年也有投资界人士来到《决策之道》进行分享，表达过“运气的重要程度超过其他因素”。在您眼中，勤奋和运气二者的关系是怎样的？

周炜：我见过很多人真的是运气好，我也完全承认风投存在运气的因素，但至少我作为一个物理电子技术专业出身的人，并不关心所谓运气。对我来说，运气是一种无法掌控的东西，根本不知道谁会有，也不知道谁没有，这种情况下，只能假设大家的运气差不多，然后靠着自己的努力和独特的方法论去做到最好。

所以，我一直和我们团队说，为什么要用“专注、专业、深潜、围猎”的打法：风险投资行业里，大家的IQ都差不多，毕业的学校都差不多，这种竞争环境里怎样才能脱颖而出呢？我们不能把机构的未来押注在团队某个成员的运气上，因为我们看不到是不是有哪位成员身上“紫气上升”。我们要考虑的是有什么东西可以操控，能让我们肯定赢。我们认为，“专注、专业、深潜、围猎”的打法可以让我们肯定赢。什么叫肯定赢？就是在所有的风投基金里，我们一定是位居前列的。这些方法论已经证明了我们的高成功率。

我在从事风投的第一年投了启明星辰，这是我投中的第一家独角兽企业，2010年它上市了，之后每一年我都能投中独角兽企业。我不靠运气，靠的是努力和方法论，每年都投出一家独角兽企业来——在投资行情的大年，我们的成绩可能是95分，不是99分；在投资行情的小年，我们仍然有很好的收获，至于最终能否从95分变成99分、100分，这可能就需要一点运气了。

**“躺平”了，你就没有任何行动力了，就对市场失去敏感性了。不要把命运交给别人，还是要掌握在自己手里。**

《决策之道》：您的投资理念、人生思考都是很笃定、坚韧的。这种笃定、坚韧的内心力量与思维模式是如何形成的？

周炜：第一，大家都说“60后”“70后”占了很多便宜。“60后”里很多成功的人，实际上是在国企改制中获得了很多机会。我这样的“70后”虽然也靠自己努力，但也占了时代红利的便宜——从我记事开始，生活一直是向上走的，我大学毕业的时候，国家经济已经在快速发展了。这就给了我一个笃定的信念，觉得生活应该越来越好，即使一时遭遇波动，相信也能尽力维持。

第二，对我影响最大的第一部科幻作品是凡尔纳的《神秘岛》，可能今天看起来这不太像一本科幻书了，但这本书能给人信念：几个人坐着热气球被吹到荒岛上，除了一个破热气球、一条狗，其他什么都没有，但他们就靠着知识和能力，花了十几年时间，把荒岛建成了有火车运行的一个半工业化时代的岛屿。这一点很让人兴奋，只要有知识、有力量、有团队，什么都能实现。我们今天看的《火星救援》，跟《神秘岛》所带来的感觉是一样的。

第三，我从学生时代开始，一路都跑在同学的最前面。

这些因素让我有了一种感觉，相信自己非常努力，再有一定的能力，就总是会成功的。这是时代给了我这代人一些助力，让我产生了这样的信念。所以我觉得，新一代的年轻人，有一些迷茫也是可以理解的，因为他们一开始生活好好的，突然发现状态开始波动了。但我认为，年轻人还会继续向上走，我希望我们这一辈子都是夏虫，不要见到冰。

《决策之道》：是的，一些年轻人现在可能有些焦虑、悲观的情绪，会很“丧”，想“躺平”。您可以分享一些对抗焦虑、悲观的秘诀吗？

周炜：看科幻，真的。我从十几年前就开始看科幻作品。

现在大家每天接触的新东西、新信息已经足够

**打开科幻作品，进入浩瀚的宇宙，你会发现，人类只是微不足道的蝼蚁而已，那就不要焦虑了吧。**

多了，在风投行业里尤其如此，这个时候，我们需要的是抽离出来，站在半空中远远地观看世间在发生什么。换句话说，做风投更多的时候可能要用望远镜去观看，而不是用显微镜观看。不停地在“望远”和“显微”之间切换，人就很容易晕，肯定会产生很多焦虑。我也有焦虑的时候，那怎么办呢？打开科幻作品，进入浩瀚的宇宙，你会发现，人类只是微不足道的蝼蚁而已，那就不要焦虑了吧。

《决策之道》：您提到的《神秘岛》是早期的科幻作品，展示的是19世纪资本主义上升时期所推崇的人定胜天、相信科学、创造进取的乐观主义精神。您可否向《决策之道》读者推荐几本当代的科幻小说？

周炜：刚才已经提到了一本《火星救援》，它的作者是美国科幻作家安迪·威尔，他还有一本新书《挽救计划》。现在看这两本书就很好，特别能缓解焦虑。

《火星救援》告诉我们，只要有能力、有知识、有意愿，就能解决问题，甚至在基本不可能生存的状况下也能扛过去。《挽救计划》告诉我们，在这个世界上，沟通和爱是解决一切问题的方法——与完全无法沟通的外星人达成双方合作，这种看上去不可能的事情都是可以做到的。在这本书里，外星人生存的环境是超高温、超高压的，他们也是石头一样的硅基生物，这样的外星人都可以和碳基生物联合起来，解决一个宇宙级的危机，拯救双方的星球，那么地球上的国家与国家之间、人与人之间，还是可以谈一谈的。

采编：王夏苇

举目千重高山，俯首万丈深渊。假装从容淡定，貌似特别悠闲。

插画摘自 @ 老树画画

# 案例 CASE

## 推荐语
## 创新物种——东方甄选

**周宏骐 推荐**

新加坡国立大学商学院兼任教授

梁宁老师写的东方甄选案例，解构了一种创新的物种，分享了一个励志的故事，呼吁了一个接下来的坚持——未来滚滚而来，我们一定要活下去！除了诚挚推荐此文，我也提些个人看法。

案例直击了东方甄选的模式核心——通过做内容吸引流量，然后变现；而且认为东方甄选抓住了社交媒体驱动时代下传播方式的“波纹模型”本质。

在做内容吸引流量上，东方甄选确是创新，打出了具有新东方属性的内容特色。直播间以双语加讲课的内容直播的新形式，给观众带来新鲜感与知识干货，和其他千篇一律的带货直播在形式上区隔开来。

进一步观察东方甄选，我们看到它把文化知识和卖货做到了自然结合，提供了“免费知识内容+卖货”增值服务，为直播电商行业打开了新思路；每天14小时无间断直播，也为观众提供了普通带货直播不曾有的陪伴价值。在抖音平台上进入直播间的观众（多半来自一、二线城市），如果觉得内容好，又发现农产品商品单价都只有几十元，就算商品有不小的溢价，他们也并不在乎，高出来的部分被看成给主播的打赏！

我们再看梁宁老师提到的东方甄选“波纹模型”，如果新颖的内容与形式是最内圈动力来源的“小石子”，它带起的第一圈涟漪就是“对新东方情感的投射与共鸣”，第一圈又带动第二圈的“对才华与文化的审美”涟漪，第二圈又带动第三圈、第四圈的“抖音头部真空”和“抖音生态需要”涟漪，最后带动“国家扶持‘三农’、推进乡村振兴的大政方针”涟漪……五重涟漪共振，逻辑环环相扣，梁老师描绘得既贴切又清晰！

在第一圈的“对新东方情感的投射与共鸣”涟漪上，这群精于教学话术的新东方老师，通过讲述从教培行业转型做直播的艰苦故事，抓住了同样陷入“转型焦虑”群体的共情与共鸣心，自传播力强，流量通过社交链条迅速裂变。

在第二圈的“对才华与文化的审美”涟漪上，董宇辉“诗和远方”的表达，具有很强的知识分子理想主义情怀，在抖音这个用户平均停留时长极短的平台上，抓住了那些富有同情心、关心“三农”问题的知识分子群体，符合他们的审美观，让他们愿意停留，愿意进行基于情怀的内容付费。现在，知识分子群体似乎成了东方甄选的核心目标用户，这一点还有待时间来验证。

在第三圈、第四圈的“抖音头部真空”和“抖音生态需要”涟漪上，抖音电商需要高水平、能够另辟蹊径、引导“出圈”话题的主播，尤其是需要过往稀缺的、符合知识分子口味的内容，会给出巨大的流量资源倾斜，这个不难理解。

最后，在第五圈的“国家扶持‘三农’、推进乡村振兴的大政方针”涟漪上，平台方抖音与机构方东方甄选所选的内容方向与政府的长期政策同频，具有顺势而为的可持续性。

接下来，案例还针对东方甄选未来发展道路上可能面临的挑战，提出了要兼顾“前台营销上推动脉冲”与“后台运营上建设底层基本盘”。在前台营销上，通过“网红”拉出脉冲，在越过破局点后，加杠杆再拉起一波脉冲，再加杠杆，拉起另一波脉冲……持续进行这种营销操作，对实现用户增长是绝对必要的。但更重要的是后台运营上要加强基本盘建设，那是决定东方甄选可持续发展的最重要的一场大仗，一座必须翻过去的山，那就是“赋能农业”——改造中国农产品的生产和流通方式，使“原产地”乃至“土特产”的标签像IP一样创造“价值溢价”，若再加上“助农”标签，就可以再加一层“情怀溢价”！

我们乐见东方甄选这种创新物种，但还是要通过时间去观察、回答几个问题：不同于电商主流的带货直播，东方甄选的内容直播形式会是个多宽广的蓝海呢？在“诗与远方”的生态位上，东方甄选的护城河有多牢不可破呢？以知识分子为核心用户并聚焦“原产地农产品”这一品类（以及少量图书），市场空间够大吗？商业模式天花板有多高？最后，依靠什么样的团队与组织，才能维持内容推陈出新的持续性动能呢？

# 东方甄选爆火背后的点线面体

**梁宁 口述**
产品战略专家

2022年盛夏爆火的东方甄选，因“双语直播”“知识直播”引发全网关注，有人调侃将直播门槛拉高了，直播业内一时也纷纷进行模仿。著名产品战略专家梁宁通过追溯东方甄选的发展时间线，解读了东方甄选爆火背后的底层逻辑以及发展趋势。《决策之道》摘录梁宁观点精要，以期对读者有所启发。

最近和企业家、创业者交流，大家都感到经济整体的疲软，“活下去”成了大家共同面对的考题。东方甄选爆火几乎是一个完美的答案，展现了面对经济疲软以及赖以生存的空间被瓦解如何继续活下去的智慧、勇气和行动。

## 一、应运而生的东方甄选

大家对东方甄选直播间的关注，可能是从董宇辉一边举着一口方锅，一边流利地用双语带货开始，董老师唾地成文，出口成章，滔滔的才华搅动了滔滔的流量。

奇迹是怎样发生的呢？捋一下东方甄选的发展时间线（见图3）。

### 1.东方甄选的孕生与成长

我知道东方甄选的时间是2021年8—9月，几个朋友打电话说,如果能见到俞敏洪老师，能不能劝劝他，别做带货直播的生意。当时，新东方赖以生存的教培空间瓦解了，有那么多人曾经在新东方学习过、工作过，或者和新东方有过交集，所以大家都对新东方要做什么充满了关

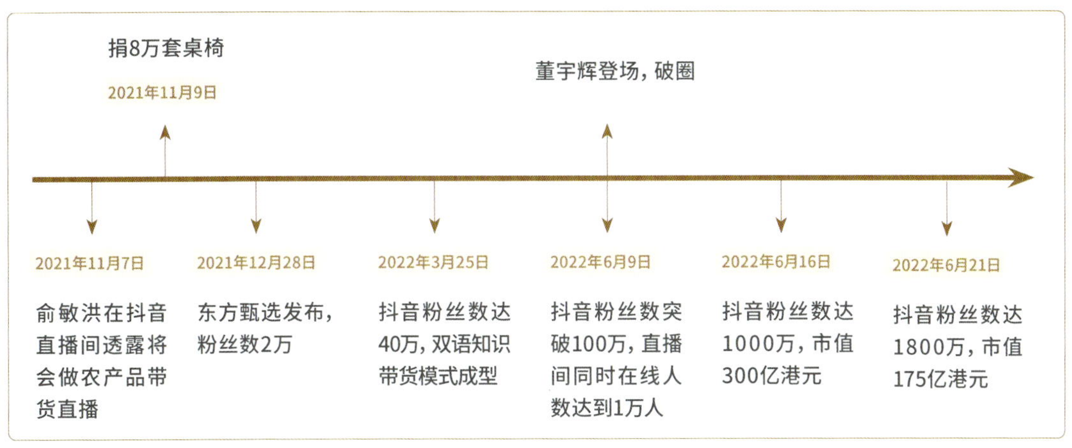


图3 东方甄选的发展时间线

注，充满了同情，还有一些期许。

当听说俞老师的选择之后，几个朋友的第一反应是带货直播这事儿挺卑微的，无法想象一个知识分子日复一日在直播间里吆喝，而且卖的还是毛利率极低、品控极难的农产品。他们想一想都会替俞老师觉得心酸。

2021年10月，我和俞老师长谈了一次，被深深地震撼了。

2021年11月7日，俞敏洪在抖音直播间透露将会做农产品带货直播，这就是对公众宣告了。

两天之后，2021年11月9日，俞敏洪把新东方的8万套桌椅捐给了乡村小学。一辆辆货车装满了桌椅，绝尘而去的场景感动了很多人。

2021年12月28日，东方甄选发布。从他下决心要做这件事，再到在直播间宣布，最后真正发布，是经历了一段时间的。在东方甄选早期的抖音短视频中，可以看到这一拨人早期的筹备、准备、摸索，艰难探求一条生路。

12月28日东方甄选发布当天，我在成都和朋友吃饭，我说今天俞老师新事业发布，咱们去直播间给他刷火箭吧。我才刷了2000多元钱就进了榜三。直播当天，东方甄选卖了460.4万元的货，收获了2万名粉丝。我感到有点伤心，为俞老师捐桌椅喝彩点赞的人那么多，真到人家开张，来捧人场、捧钱场的这么少。

2022年3月25日，东方甄选抖音粉丝数达到40万，双语知识带货模式才算正式成型。

2022年6月9日，东方甄选抖音粉丝数突破100万，直播间同时在线人数达到1万人。举着方锅的董宇辉在直播间登场，成为新一代“顶流”。

第二天，他的一段短视频就刷屏了。大家基于各种复杂的情绪传播着这一段视频。比如，朋友转给我这个视频时附加的文字是：唉，好想哭。

紧接着，一个星期之内，东方甄选的抖音粉丝数从100万涨到1000万，新东方在线市值也达到300亿港元。

截至2022年6月21日，东方甄选的抖音粉丝数几乎又翻一番，到达1800万，市值回调至175亿港元。

**任何一个产品、一个事件、一条新闻的爆火，一定是情绪共振的结果。**

### 2.东方甄选的营销波纹

任何一个产品、一个事件、一条新闻的爆火，一定是情绪共振的结果。东方甄选此次爆火是几个层次能量共振，层层放大的结果。

传统的传播理论是漏斗模型，因为以前是广播媒体，单向度的，像一个漏斗，层层衰减，层层转化，越来越少，最后漏出几滴。而今天是社交媒体驱动的时代，传播模型其实变成了波纹模型。波纹模型与漏斗模型是相反的，就像在湖面上丢下一粒石子，一定会带起一点点涟漪。波纹是动力的传递，如果动力可以接续，第一圈会带动第二圈，第二圈又会带动第三圈，只要有动力就可以一直传导下去，一直扩大（见图4）。

**中心石子：双语知识带货。**

东方甄选投射的最中心的那一粒石子是双语知识带货。这个品类，这种形式，在目前的直播场景

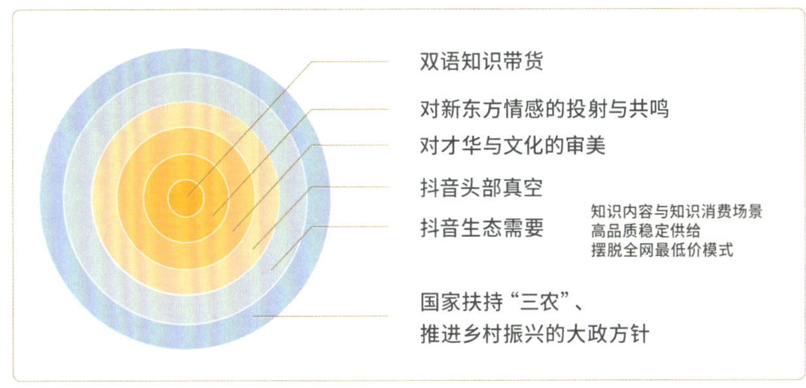


图 4 爆火是共振的结果

中是独一无二的，是“稀缺”的供给。而我们知道，稀缺一定是商业的巨大动力。

罗振宇2018年跨年演讲的主题是“小趋势”，把带货直播作为一条小趋势放在了当时的演讲中，那时也可以算是直播电商开启的时候。仅仅过了三年，直播电商已成为金钱滚滚的商业洪流，并进入大众的日常生活。

三年中，已崛起无数传奇大V，双语知识带货的品类确实是新东方开山，是稀缺类型。

**第一圈涟漪：对新东方情感的投射与共鸣。**

当稀缺内容投到市场里，带起的第一圈涟漪是对新东方情感的投射与共鸣。

双语知识带货从2022年3月就开始了。但是董宇辉举锅的短视频突然引发刷屏转发，是因为很多人的情感投射与共鸣。

新东方创业近30年，有很多人与新东方有过各种各样的交集，可以说在新东方的故事里，大家可以投射太多的情感。再加上近三年的新冠肺炎疫情，几乎每个人都感到生活不易。许多对新东方好奇的、有感情的人，在自己的生活中感到压力、彷徨、失意的人，涌进了新东方的直播间。

看啊，这样才华横溢的人，锦心绣口的才子，举着锅在奋力卖米，奋力求生，还想着去为更多的人支撑起生存的空间。多么的励志啊！东方甄选成了新的“励志图腾”，大家蜂拥而入，前往“朝圣”。有开书店的在东方甄选直播间买书，有卖虾的在东方甄选直播间买虾，他们不是在购物，他们是在为理想中的自己加油、许愿。

**中国人从来都顶不住锦绣文章，对才子的爱与推崇，是千年的文化基因。**

**第二圈涟漪：对才华与文化的审美。**

上一波人涌入之后，动力传导带来更大的一个外圈——一批因为知识和才华而欣赏赞叹的人。

中国人从来都顶不住锦绣文章，对才子的爱与推崇，是千年的文化基因。大家真的喜欢董宇辉的文案。于是，就出现各种蹭东方甄选、董宇辉流量的人，甚至出现很多离谱的做法，比如把视频录下来，挂在自己的抖音号里，用董宇辉的文案卖自己的货，或者用董宇辉的声音配上自己商品的画面来卖货。但这样做真的有效果。为什么？因为文辞动人。

我觉得东方甄选的东西其实不便宜，这是知识的溢价。所以，这一圈的波纹其实是对才华与文化的审美。

**第三圈涟漪：抖音头部真空。**

抖音的带货直播头部IP在前段时间退出了社交网络，于是抖音头部真空了。真空之下，东方甄选横空出世，不但满足了粉丝需求，也满足了抖音生态丰富性的需求。

**第四圈涟漪：抖音生态需要。**

第一，抖音生态需要东方甄选团队提供知识内容及知识消费的场景。

很多人对抖音是装了又卸，卸了又装，经历了爱恨纠缠的情绪。为什么要卸？因为觉得使用它太浪费时间了，内心就会产生愧疚感。当产生愧疚感时，人就会想回避，回避的方法就是卸载。如何能够降低用户的愧疚感？在抖音的娱乐生态里加入一些泛知识，在刷娱乐类短视频的时候开心了，又能学到一些知识，这样可以适当地对冲用户的愧疚感。所以，你能感受到抖音平台对知识内容的生态建设是有意识和主动投入的。

带货直播是抖音非常重要的商业模式和用户场景。在这个场景中，新东方的老师们提供了知识内容，这是抖音平台极其乐意看到的。它需要给这种内容红利，激励更多能提供知识的人到这个场景中来。

第二，抖音生态需要高品质且稳定的供给。

作为一个平台，无非是供给侧、需求侧双边的撮合。哪边更重要？一般人会觉得需求侧更重要，但实际是供给侧更重要。因为需求是公共的，用户想看哪个就看哪个，只有你提供特殊的供给，大家才会选择你。如果你的供给和别人一样，大家为什么迁移到你这里？所以优化供给侧更重要，供给侧的创新更重要。有新供给才有新需求。而新东方不但有创新能力，还能保证稳定性，一天14小时平滑地直播，是平台很可靠的合作伙伴。

第三，摆脱全网最低价模式。

前几年头部主播的带货模式所提供的最大价值是头部主播代表用户让供应链打折，压缩卖家的利润空间。但是，永远砍价砍到骨头里，厂商没有利润空间，创新从何而来？这对供应链、对厂商、对制作方显然不是良性循环。

东方甄选的模式并不是以低价的方式售卖，也不是压缩供应链的利润空间。

我们都知道，Intel、英伟达、微软在挣到高额利润之后，又投入巨额的经费去研发，去领导全球的产业标准，而控制了产业标准就有了更高的定价权和产业链控制权，再以此回馈研发。中国的企业

**有新供给才有新需求。**

为什么要永远在低端里循环呢？所以，让大家接受一个正常的价格，让每个环节的人都有正常的利润，有余力有空间把自己环节的事情真正做好，不是更好吗？

**厂商没有利润空间，创新从何而来？**

所以，东方甄选其实为抖音生态提供了三重价值：第一，用知识内容和知识消费场景对冲用户刷娱乐类短视频的愧疚感，对用户的长期黏性有贡献；第二，提供了高品质及稳定的供给；第三，摆脱了从直播电商开始就依赖的主播砍价能力造成的恶性循环。

**第五圈涟漪：国家扶持“三农”、推进乡村振兴的大政方针。**

中国已实现全面脱贫，在扶持“三农”、推进乡村振兴的大政方针下，抖音平台去扶持一家带货农产品的企业，在大方向上是正确的。

所以，东方甄选潜行半年乏人问，一朝爆红天下知。这种爆火其实是一个共振的结果，它是几重波纹一起共振，才有了粉丝狂涌和股价狂飙的局面。双语知识带货、大家对新东方情感的投射与共鸣、对才华与文化的审美、抖音头部真空、抖音生态需要、国家扶持“三农”和推进乡村振兴的大政方针，一起推起了这支大火箭、这个奇迹。

有个朋友截屏新东方在线的股票曲线，问这叫什么曲线。我回了一个跷大拇指的手势：就是这个曲线。有人的捧人场，有钱的捧钱场，是千万人的行为，形成了这个曲线。

## 二、企业生存：竞争力与空间

爱因斯坦说：把事情变复杂，人人都有能力；但是把事情变简单，是少数人的能力。所以我一直努力尝试把复杂的情况用简单的概念来解释。比如，对于所有企业的生存发展用两个词就可以概括判断：竞争力和空间。

一个小区的面馆，它的空间是小区的社区环境；它的竞争力体现在，只要社区的人还能接受这份手艺和价格，它就可以在这里活下去。如果想在城市里多开几家店，那要看它的手艺是否能够普遍适配这个城市的口味。

但要开一家全国连锁店，让一碗面北京人爱吃，扬州人爱吃，重庆人爱吃，广东人也爱吃，做到这一点就难了。当企业在一个更大空间生存的时候，对它的竞争力的要求更不一样。在一个小空间能够找到生存的实感，活下来，但在一个大空间未必。

如果在全球多个国家同时做呢？麦当劳、肯德基等企业基本做到了。但到目前为止，还没有一家中国的餐饮企业可以做到这一点。我们中国一直以餐饮为傲，但其实我们的餐饮企业中没有一家有在全球空间生存的能力。

对任何一个企业的生存发展，我们都可以用竞争力和空间来判断：第一，它在哪个空间生存；第二，它在空间里是具备无敌竞争力、超级竞争力，还是仅具备竞争力或者没有竞争力。

东方甄选在抖音直播的空间里涅槃重生，在非常短的时间内创造了奇迹。要在这个空间里长期生存，前方还有三个大的挑战。

**1.坟包曲线**

坟包曲线是经过过去20多年的互联网运营，所有运营者都知道必然会发生、需要面对的状况，即一个爆品从爆发到见顶再到疲弱的曲线过程。我们看到爆发增量见顶，就知道这个内容到了快要被埋掉的时候，需要筹备新内容了，所以管这个曲线叫坟包曲线（见图5）。

当然，能爆发一次就已经是谢天谢地走大运

抖音的内容空间

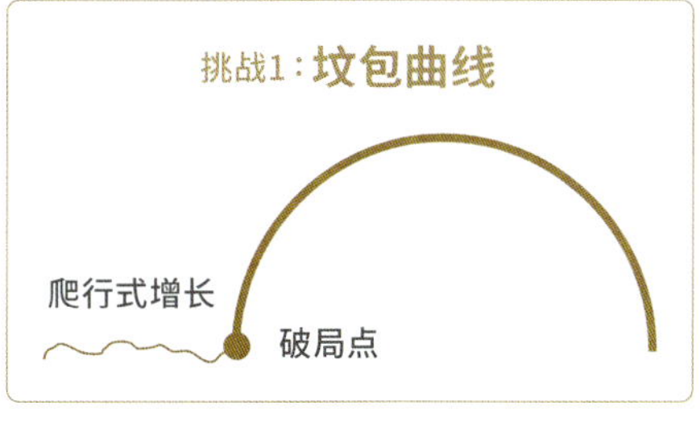


图5　坟包曲线

了。因为更多的内容是爬行式增长，就是在到破局点之前，只能像一条虫子那样，依赖自己肉身的力量，拼尽全力向前爬，一点一点攀升，这就是爬行式增长。如果有一个内容是稀缺的，又恰好能被用户接受，就会到破局点。

**把事情变复杂，人人都有能力；但是把事情变简单，是少数人的能力。**

中国是对创新最友好的国家之一，因为中国的网络基础设施太好了，10多亿人网络互联。只要你做了一个市场需要的稀缺品，中国的网络基础设施、网络传播度以及社交网络的驱动，就可以让你一飞冲天，实现爆炸式增长。这是中国已经形成的市场规律在激励创新。中国有10多亿网民，哪怕尝鲜的只有1%，也有1000多万人。

当然，有上涨就有衰落。一个非常稀缺的内容有爆火的点，也就会有在大家耳熟能详后变得习以为常的一天。比如曾经的一些网红，我们可能很久都没再看过他们的相关内容了。这就是规律。

所有做内容的人、做新品类的人，都要面对怎么飙上去就会怎么平淡下来的坟包曲线的客观现实。

**2.供应链、基本盘**

从外部看东方甄选的模式，依然是通过做内容吸引流量，然后变现流量的模式。我先讲一个正新鸡排的例子，一起来看其背后的模式特征。

（1）正新鸡排的本质是供应链。

正新鸡排在中国有20000余家店。2021年，我的一个朋友跟我说他要做一个比正新鸡排更好的鸡排，他认为正新鸡排没有创新，口味也只有几款，包装也很普通，完全可以从口味上和包装上进行创新突破，做芝士口味，换二次元包装，店面装修再搞个火烈鸟什么的，把“网红三件套”全用上，创造一个新的网红鸡排。我问他：你知道正新鸡排的本质是什么吗？

正新鸡排在全国拥有20000余家店，大概有4000家直营店，16000家加盟店。一块鸡胸能炸两块鸡排，如果一家店一天卖掉200块鸡排，就要消耗100只鸡，这意味着20000家店一天消耗200万只鸡。这条供应链要稳定、平滑地保证每天200万只鸡的供应，可想而知要抗住多少波动与风险。所以供应链才是正新鸡排的核心能力。

再往前看，炸鸡是油炸食品，高热量、重口味、廉价。几乎所有夜市的小吃，烤羊肉串、烤肠、油炸臭豆腐等，都属于这一类。你几乎可以根据人口经济学来选择店址，你可以统计有多少人会固定地经过这样的地方，只要把这样的产品放到这样的流量口，就会匹配相应的转化率。优化口味、优化包装、优化店面都是在流量获取端的微创新，对于这个生意整体的影响其实不大。

正因为如此，东方甄选有了双语直播这样一个特别的流量口，流量转化效率优于其他同类对手。但真正决胜的其实还是背后的供应链。

（2）脉冲和基本盘。

我在和朋友讨论的时候用了脉冲和基本盘的模型（见图6）。

脉冲其实有两个环节：破局点和加杠杆。破局点是一个市场切口，有用户，有需求，但目前市场供给不充分，就可以一个冲击波冲出来。一旦找到了切口就可以加杠杆——市场营销、信用背书、广告投放等一切杠杆。我们看到大量的企业不断地发新品，通过不断拉起脉冲来拼营业额，很多网红产品也都会拉出这样的脉冲坟包曲线。

但其实下面还有另外一个东西——基本盘。

东方甄选的这一波目前看是一个完美脉冲，还在向上，远远没有到顶。但奠定东方甄选价值的是它底下的基本盘，尤其是其背后的农业产业升级空间，那是俞老师要打的大仗，值得关注，值得祝福。

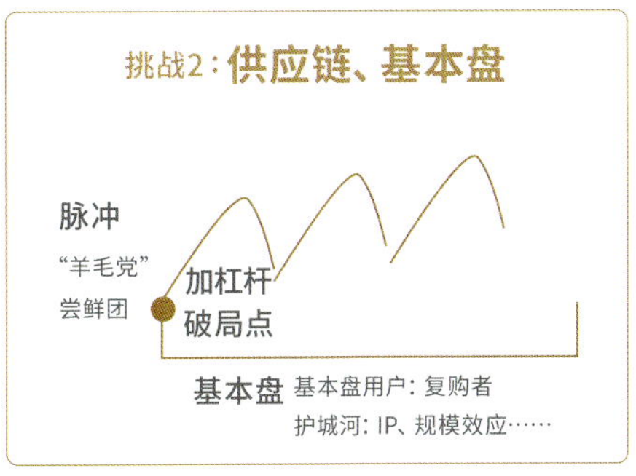


图6　脉冲和基本盘的模型

### 3.定价权

这是所有的中国企业家要上的一门新课：定价权。因为我们把很多的问题归因于新冠肺炎疫情，或者其他因素。我们遇到的问题是真的，但是归因可能错了。

过去40多年，中国市场一直处在匮乏红利中。匮乏红利是指什么都短缺。所以，中国企业当时最重要的是能提供规模化的供给。一家企业能把规模拉上去还不崩盘，就是那个时代的大企业。

我们选择一个业务，就会反向被业务塑造。我们提供低端规模供给，我们的能力就是低端规模能力。价格战是最重要的武器，性价比是绝对的王道。

今天，中国已进入人均GDP超1万美元时代。如果今天你还想用30年前所建立的能力，继续用低端规模来供给已经是小康社会的中国市场，一定不合适了。

今天的经济形势确实不好，但是今天的中国用户已经不是40年前或20年前，还没有第一台电脑、第一款手机、第一支口红的用户了。今天的用户，你可以说他什么都不缺了。非刚需时代，性价比不再是最重要的。现在已经到了中国企业要管理需求的时候，到了中国企业要有定价权的时候。如果我们依然没有定价权，大家都在低端竞争，在一个富足、对普通物质不稀缺的社会打价格战，客户可能会为了一毛钱离开你，你就永远陷在价格战中，随时为了价格战吐出利润。

所以大量的中国企业不管表面上是卖豪车的、做旅游的、卖口红的，本质上都是“搬砖”的。而事实上，我们靠“搬砖”成就了一代企业家，但是下一代人依然能够继续靠“搬砖”搬出成就吗？

今天大家涌进东方甄选的直播间，被董宇辉感动得流着眼泪买6元钱一根的玉米。如果模式不

**只要你做了一个市场需要的稀缺品，中国的网络基础设施、网络传播度以及社交网络的驱动，就可以让你一飞冲天，实现爆炸式增长。**

变，卖玉米的恶性竞争不会开始吗？不会陷入被动的比价模式吗？

什么叫定价权？就是你开一个价，用户认。东方甄选如何走出自己的定价权？

今天中国有定价权的企业其实没有几家，华为是一家，茅台是一家。但10年之后还会是这样吗？20年之后还会是这样吗？我相信肯定不是了。

## 三、活下去！

### 1.初心不悔

当我带着对新东方要做农产品带货直播的疑问找到俞老师时，俞老师对我说："第一，新东方的老师有很强的学习和表达能力，也受学生和家长的信任；第二，我从农村中来，对农村非常了解；第三，我对党和国家有信心，他们把人民对美好生活的向往作为党和国家的任务和职责，我去帮助农村、帮助农民，这件事一定是被支持的。"

其实中国的农村、农民都是非常现实的，碍于自己的生存空间、资源和知识的限制，没有能力突破自己的生存边界。新东方市值达到超百亿美元的规模，见过世面再去看农业产业升级，很多当地农民觉得无法实现的东西也许是可以尝试的。

2021年夏天，俞老师曾在西北农村帮助农民直播卖瓜，用户收到的却是比直播间展示的小的瓜。这也招致一些用户投诉。但俞老师告诉我，并不是卖瓜的农民欺骗了他，而是当下的农民能力就是如此，但他相信，中国的农民不可能永远这样。所以，俞老师是知道这些问题的，并且已经遇到过这些问题，但他还是做了这个选择。

**我们靠"搬砖"成就了一代企业家，但是下一代人依然能够继续靠"搬砖"搬出成就吗？**

中国电商发展的这几十年，最大的贡献是人们开始相信契约、在意信用了，开始相信别人，相信把信用做好、把产品做好、把服务做好就能挣钱，相信好好做事就能持续挣钱。

我们每个人其实都是被自己的业务塑造的，如果能够有一个新的业务模式活下来，业务就会反向塑造我们的观念，反向塑造一个群体，甚至反向塑造我们民族的面貌，我觉得这特别伟大。

**中国电商发展的这几十年，最大的贡献是人们开始相信契约、在意信用了。**

我又问他：当时新东方账上还有200多亿元，但你为什么一直放着，而不去投资呢？俞老师说："我经历过2003年的非典，课不能开了，学生要退费，退不出来就会被攻击。我一定要保证新东方的账上有这么多钱，如果有一天新东方因为什么事而不能办了，我可以做到去处理所有事情，对得起每个人。我相信，即使200亿元全赔出去，最后还差2亿~3亿元，是没有人会借钱帮我渡过难关的，所以一定要把自己过冬的钱留下来。"

这就是俞老师，一个曾经穿越过周期的人，曾经遇到过巨大的风险和波折、面对过空间破损的人，才会有的一种生存智慧。

所以，在东方甄选开播的那天，我只刷了2000多元就到了榜三，我就知道俞老师的判断是对的，而他面对这种局面是泰然的，因为他本来对人性就没有抱幻想。东方甄选从0到100万粉丝没有花钱做投放，完全就是在底线思维下的探索求生。

在探索求生的大模式下，不可能用一种高能耗的方式去开局。所以我相信他有可能去跨越这些大山，开创一个新局，就是因为他身上的那种笃定，那种笃定是扎根于大地、干过农活的农民的儿子所带来的。

一个百亿美元市值公司的掌舵人，在直播间诚恳地为大家介绍价值5元、10元的东西，连这样的人为了活下去都可以这么干，我们还有什么理由去挑三拣四呢？

### 2.重力问题不是问题，是常态

在设计思维中，第一条原则就是重力问题不

是问题。地球有重力这个问题，是无法回避的。如果一个问题不能回避，它就不是问题，它只是一种情况，是一种环境，是一种生活现实。你我就要在这样的现实中活下去，就像我们要接受地球有重力一样。这一段来自《斯坦福大学人生设计课》。

我们在面临很多问题的时候，即使我们把这些问题都归咎于各种外在因素，但依然要面对自己的生存处境。我们的生存空间还在吗？生存的空间会发生变化吗？我们还要在空间活下去吗？我们有能力改变空间吗？这些问题依然不能回避，这是我们自己的问题。

**3.看清表象，回归本源**

我们通过东方甄选这个案例，要识别出什么是被新冠肺炎疫情改变的，什么是被时代改变的，什么是没有改变的。让疫情的归疫情，时代的归时代，让自己的归自己。

（1）被疫情改变的。

疫情之下，协同被破坏，大河没水小河干。因为疫情，处处割裂，原有的大量生存空间被瓦解，大家都生存在恐惧里。我们还能相信什么呢？我可以确定地告诉你，你可以永远相信一个人的求生欲。

一个人为什么会做事？一个战士为什么在战场上会有无畏表现？因为他要活下去！

当你特别痛恨一个人，当你觉得别人让你为难的时候，你能不能站在他的立场想一想，他的行为也是因为他要活下去。当每个人都只站在自己的角度，看不到对方所想时，共识就不可能达成。双方的生存对立，在生存对立下割裂，协同就不会建立，就只能继续僵持在那里，继续大河没水小河干的状况。

（2）被时代改变的。

过去40多年，中国在一个红利匮乏的环境里。但过去40多年，中国做了两件开创性的事：

第一件事：从1981年的2亿城镇人口到2021年的9亿

**如果一个问题不能回避，它就不是问题，它只是一种情况，是一种环境，是一种生活现实。**

城镇人口，中国用40年时间把7亿人口搬到了城镇生活。

这意味着建设了7亿人生活的城市，要知道，这几乎相当于整个欧洲的人口了。许多房子、街道、设施都是新建的，这是人类历史上没有过的工程。

第二件事：中国实现了互联网化。

过去中国做的两项创世工程——城市化和互联网化，让我们的企业家崛起，所有的红利都来源于此。但是，这两项工程都做完了。许多人其实都是在这两项工程的工地里打工的小工，当工程完了，还想做原来的事情已经是不可能的了。过去40多年，享受过那些低端规模红利的人想继续享受红利，过去有杠杆可以躺赢的人都遇到了问题。

我们应该基于中国新的空间做新的洞察，服务中国的9亿城镇居民，开创更新的美好生活的空间依然存在。中国依然是对创新最友好的国度之一，因为市场会奖励它，做对一件事可以获得网民的奖励。比如，东方甄选的粉丝数曾两周内增加大约1500万，而欧洲又有多少国家有1500万人呢？

（3）没有改变的。

我们还是中国人，拥有中国心。当你看到一个人身上表现出坚韧、善良、朴实的时候，会由衷地认可，产生内心的共振。票房极高的两部电影，《战狼2》讲的是“忠”，而《你好，李焕英》讲的是“孝”，“忠”和“孝”依然是在中国能引起最广谱情绪共振的情感。

我们可以看到，无论是东方甄选，还是新东方、俞老师，都太不容易了。但是我们都从中看到了善意，看到了时运无常。新东方如此坚强，如此勇敢，如此精进，穿越过一个又一个周期。然后，生存的空间突然瓦解了，但依然找一个空间活下去。

我们也看到了平台的强大，看到了共情和共鸣的力量。

华为“心声社区”曾发布过一张广为人知的图

**“忠”和“孝”依然是在中国能引起最广谱情绪共振的情感。**

**未来滚滚而来，我们一定要活下去，看到前方不同的风景，让自己有更加丰富的人生体验。**

片——第二次世界大战时期，一架被打得像筛子一样、浑身弹孔累累的伊尔-2飞机坚持飞行，终于平安返回。图中还写道：没有伤痕累累，哪来皮糙肉厚，英雄自古多磨难。

我在和华为接触的过程中，深刻地感受到这家公司的英雄情怀，也许遇到更大的困难就是给英雄的奖励吧！任正非先生说，活下去是华为奋斗的最低纲领，也是最高纲领。之前我还不以为意，但现在非常认同。

我们可以在一个社区开一个小摊卖油条；也可以把豆浆、油条店开遍全中国。如果你更强大，可以在一个更大的空间里去生存，去体验，去感悟，去创造，去改变，这就是生命本来的模样！

我们今天遇到了一些困难，我唯一想分享的就是这三个字：活下去！所有以为疫情过去就好了的人，想回到2019年的人，不好意思，时间一去不复返，再也不会回来。但是未来滚滚而来，我们一定要活下去，看到前方不同的风景，让自己有更加丰富的人生体验。

整理自肯耐珂萨主办的
《活下去——从东方甄选看“时运”“空间”和“竞争力”》
梁宁直播专场，内容有删减
编辑：王夏苇

# 百果园发展21年，如何一次次起死回生？

**彭剑锋 独家口述**

华夏基石管理咨询集团董事长、中国人民大学教授

**余惠勇 独家口述**

百果园集团创始人、董事长

改革开放40余年间，各行各业都涌现出大量领军企业，其中与千家万户息息相关的水果行业的领头羊，正是开在许多社区周边的百果园。卖水果或许不难，但是要成为行业冠军，尤其做成全球领先的水果连锁企业，绝非易事。正和岛特邀百果园集团创始人、董事长余惠勇和华夏基石管理咨询集团董事长、中国人民大学教授彭剑锋，此次对话由《决策之道》主编曹雨欣主持，一起探讨行业冠军是怎样炼成的。

## "伟大的企业都是熬出来的"

《决策之道》：有数据显示，在中国每天都会诞生1万家企业，但是在18个月之后生存下来的只有3%，而百果园已经成立20年了，并且已成为全球领先的水果连锁企业。

2019年我采访过余总，听余总讲述过企业发展之路上的九死一生，例如曾经连续亏损7年。余总可否再分享一下，您是如何一次次克服困难、让企业起死回生的？

余惠勇：实际上，百果园是2001年在深圳成立的，2002年开设了全国第一家水果专卖店，至今已经有21年了。

这21年来，确实可以用九死一生来概括创业的艰辛与不易。每一次遇到比较大的问题、比较大的坎儿，我们都会实现对行业本身的认识、对商业本质的认识，以及对人生、对世界的认识的一次提升。换句话说，每一次的挫折，实际上都是由自己认知上的问题导致的。每一次的突破，实际上都是靠着认知上的提升。这就是为什么我会有深刻的感触——工作也好，事业也好，实际上就是一个参悟的过程。

所有的事业，所谓的成就，都逃脱不了认知。不能突破认知局限，企业就会出现问题。你的认知在哪个层面上，你的企业就在哪个层面上。这是我自己的感悟。

比如在2009年全球性经济危机爆发，百果园的业绩也出现了明显下滑，一开始，我们认为这是经济危机所导致的，但后来，我们通过数据分析发现，这不是经济危机的问题，而是我们对经营的认识出现了大问题。

为什么这样说呢？因为当时不景气的经济导致大众消费力下降，买水果都要开始尽量节约了，以正常的逻辑来推导，我们应该去降低价格，少赚钱甚至不赚钱来适应市场。但是，因为当时百果园是松散的连锁加盟制，顾客买的少了，复购少了，利润就会减少，门店为了保利润就会提升价格，一涨价，顾客就更少了，门店会再提升价格……公司开始步入一条死亡通道。当我醒悟的时候，公司业绩已经下滑得非常厉害了，境地已经非常危险了。

认识到这样的状况后，整个百果园公司开了两天的破釜沉舟大会，分析情况，推出了全面控制价格的措施，从松散的连锁加盟制下门店自行订货、自行定价转换到全面价格管控、限定最高价格上。同时，为了挽回局面，我们还开展了大型的让利促销活动，把顾客重新拉回来。

这段经历让我悟到了商业的本质。商业的本质实际上是利他的，不能站在利己的角度从事商业。我也从中提炼出了百果园的持续增长之道，用一句话总结就是“给顾客提供比竞争对手更高的价值”，用两个字总结就是“利他”，用一个字总结就是“爱”。

总的来说，2009年的这场危机，让我们的感悟、认知得到了提升。认知决定方法论，认知上去

**你的认知在哪个层面上，你的企业就在哪个层面上。**

了，方法就简单了。方法是可以万变的，关键在于认知的提升。如果我们没有认识到当时是经营的根本出现了问题，还坚持认为是经济危机的影响，可能就过不了2009年这个坎儿，更不可能有今天了。

**商业的本质实际上是利他的，不能站在利己的角度从事商业。**

《决策之道》：余总总结了百果园的起死回生、持续增长之道。彭老师也观察了百果园很多年，您怎么看待百果园一次次起死回生？

彭剑锋：我经常讲，伟大的企业都是熬出来的，都是伟大煎熬的前行者。

余总刚才谈到，百果园在遇到问题的时候，不是怪环境不好，而是通过自我批判，找到生存、发展、经营中的问题，然后实现自我超越。这一点正是禅的一种思维方式——内求而不外求。

对于今天的中国企业来说，自我批判精神是很重要的。现在很多企业一旦经营不好，就开始怪外部环境。我认为，一家企业要想应对外部环境的不确定性和复杂性，最好的方式还是增强内在的确定性。要增强内在的确定性，就是要像余总所谈到的，回归商业的本质，去思考自己企业内部存在的问题。

另外，禅宗里很重要的一点就是坚定信念，相信相信的力量。我们可以看到，真正的好企业、大企业，往往都历经多次经济危机，历经多次成长挫折，在挫折之中痛定思痛，回归商业本质，更坚定内心的追求与信念。这一点支持百果园走到今天，并且是从余总身上体现出来的。

所以，不管遇到什么挫折和困难，总是要坚定信念，相信相信的力量，不向外部推卸责任，要自我批判，从自己身上找问题，这样才能比别人做得更好，才能实现自我超越。如果一遇到问题就往外推搪，然后躺平，不去解决问题，不去自我批判，企业的问题永远解决不了，企业永远不可能回归商业本质来实现脱胎换骨的自我革命。这就是我从余总的发言以及我个人的观察中得到的体会。

## 要做全球第一，动力从何而来？

《决策之道》：感谢彭老师的总结，“相信相信的力量”。我记得在2021年百果园20周年企业文化活动中，余总也总结说“愿力大于须弥山”，可以说，“全球第一”的宏大信念，给了余总和百果园源源不绝的发展动力。余总为什么会有这样坚定的动力？

余惠勇：百果园这么多年走来，我们自己总结，是靠两个方面驱动。一是文化驱动。文化驱动就是在信念、理念方面驱动，这是我们非常注重的，相对来讲，管理不是我们的强项。二是战略驱动。战略驱动就是彭老师谈到的长期价值主义。战略就是明确的、长期的方向，如果没有长期价值主义，战略的意义就不大了。

说到信念，要回归到我创立百果园的初心。在创业初期，甚至还在酝酿创业的时候，我就在思考其中的意义。1997年，我在打工的时候，产生了创办水果连锁企业的想法，之后就去查资料，结果查了所有能查到的资料，都找不到水果连锁企业的模式，找不到样板。当时一个让我非常兴奋的愿望出现了——全世界都没有水果连锁企业的模式，如果我做成了，不就有可能成为世界第一了？

以我这个年龄来说，这种情怀，当时很多同龄人都具备。因为我们目睹了中国由弱到强的过程，特别希望能够为国争光，特别希望中国能够得到世界认同。哪怕是一项体育比赛，不管是排球也好，乒乓球也好，只要中国能拿到世界冠军，只要中国能够被世界认同，我们都会非常兴奋。

在商业领域，也是一样的道理。中国在商业上起步晚，1997年，大部分商业模式都是外来的，都

**如果一遇到问题就往外推搪，然后躺平，不去解决问题，不去自我批判，企业的问题永远解决不了。**

是向外国学习的，那时我们和外国差距太大了。所以，当时找到一个能在商业上成为世界第一的机会，给了我很大的动力。哪怕在创业最困难的时候，我也是坚定地说，我们一定要为国争光，要做一个民族品牌，一定要成为世界第一的水果连锁企业。从2006年开始，我们下定决心，以后公司每周一早上升国旗，这个习惯从2006年一直延续到今天。现在我们每次开大会，也都会升国旗，开会时的问候语是“大家好”，回应语是“中国好，中国兴盛，我的责任”。

**战略就是明确的、长期的方向，如果没有长期价值主义，战略的意义就不大了。**

所以说，要做一个世界第一的品牌，为国争光，是百果园企业文化中很重要的一部分。这样的信念能够从上到下为公司员工提供原动力，让大家心中有共同的梦想，让大家知道虽然公司的规模现在还不够大，但是已经得到了全球同行业的认同，大家来到中国，都会看一看百果园是怎么做的。在遇到困难的时候，这样的信念起到了重要的支撑作用。

《决策之道》：余总这番话让我想起近代实业家张謇的主张，他说，“一个人办一县事，要有一省的眼光；办一省事，要有一国之眼光；办一国事，要有世界的眼光”。请教彭老师，您怎么看余总这样的发心、这样的内在动力呢？

彭剑锋：卓越的、伟大的企业家，首先都有远大的目标追求、坚定的信念，这是所有成功企业家必备的素质，也就是说，他们能看到别人看不到的机会。

拿百果园来讲，当年我看到百果园的未来追求之后，也跟着一起搜寻，看看全世界水果连锁里有没有百亿级企业。确实没有，但是水果业是一个巨大的产业，在这个产业里，百亿级企业甚至千亿级企业是可能出现的，百果园站在全球视野上提出要做一个世界级的企业，在中国这样庞大的市场里实际上是有机会的。

所以，身为企业家要有全球视野。同时，要做民族品牌，对民族品牌有坚定的信念，我认为这也是企业家能不能把企业做大做强的一个前提。如果企业家都不想做大，企业家心中都没有远大追求，企业就做不大，就顶到了天花板。这叫企业家天花板理论，也就是说，企业家的信念追求是企业成长的天花板。

刚才余总谈到，百果园是双轮驱动。一是文化驱动，文化驱动的核心就是信念。有信念、有激情，有信念、有追求，企业就有生存发展的不竭动力。有了信念，整个企业里每一个人都是一节车厢，都有自己的发动机，能够自我驱动、自我管理。我在和百果园的交流中感受到，百果园文化很重要的一点就是强调员工自我驱动、自我管理，自己是自己的主人，而不是依靠严格管控。

二是战略驱动。在我看来，百果园的战略驱动，不仅是依靠长期价值主义，更重要的是整个高层、所有干部拥有战略共识。有了战略共识，就使得百果园的执行能力特别强。说实在的，想在水果行业做出世界级企业的不只有余总，为什么百果园做成了，其他企业没做成？我认为，最重要的就是百果园的战略共识很强，执行能力很强，一旦认准了就坚定不移朝着目标前进。

很多企业家也有远大的理想，但有时候就是执行能力差，或者理想只属于老板一个人，并不是团队的理想。所以，战略的执行能力来自团队有战略共识，这一点也是非常重要的。

**企业家的信念追求是企业成长的天花板。**

## “信任也是一种生产力”

*《决策之道》：在我印象里，百果园也非常强调信*

任文化，比如推出了水果不好吃可以“无实物、无小票、无理由退货”的信任政策。某种程度上，信任是一种虚空的文化，想落在实处，其实并不太容易，两位对此有何思考？

**战略的执行能力来自团队有战略共识，这一点也是非常重要的。**

彭剑锋：文化这种东西看上去是虚的，是挂在墙上的，但又是很实际的。因为文化本身就是一家企业的核心竞争能力，一家企业的核心竞争能力也只有体现在文化上，才是竞争对手不可模仿或者短时间内难以学到的。

百果园的信任文化，说起来容易，要做到是很难的，特别是在中国这样特殊的商业环境之中是很难的。百果园构建了一个基于信任的商业模式，打出了“中国人值得信赖”的旗帜，这要冒很大风险，令我非常感动。

比如百果园提出“三无退货”的信任政策，这需要很大的定力，内心要相信顾客是值得信赖的。如果没有这种信念、这种定力，谁敢这么做？说实在的，我对此也有过怀疑态度，认为搞“三无退货”一定会有不少人骗吃骗喝。现在来看，百果园的基于信任的商业模式确实证明了顾客是值得信赖的，真正钻“三无退货”空子的人很少，不讲信用的人是少之又少的。

当然，提出信任政策，首先是自己要讲诚信，要值得信赖，这样别人才会信赖你。在这一点上，我特别佩服余总的定力、洞察力和信念——只要我们阳光、坦诚地对待别人，别人就值得信赖——这是非常难得的。

这种商业模式的成功，确实遵循了中国传统文化的大道。中国传统文化在骨子里面就是讲信用、讲礼仪、讲规则，真正意义上具有传统文化信念的中国人是讲信用、讲礼仪、讲规则的。所以，中国的企业只要能像百果园那样阳光、利他、强调信任，像中国共产党一样一心一意为人民服务，回归到中国传统文化的大道上去经营，能得不到相关利益者的认可吗？能得不到老百姓的认可吗？

而且，百果园的信任文化不光是面向客户的，对员工也是一样强调信任、敢于授权。百果园的门店是晚上进货，送货者可以自己开门进去，这既是一种信任，也提高了效率。大家知道，物流送货往往都是晚上12点之后，如果没有这样的信任，天天就要有人值夜班，要有加班费。这种信任在某种意义上简化了管理，降低了成本，实现了双赢。

还有一点，百果园在某种意义上也是高科技企业，它既会用高科技提高水果产量，也会利用互联网、大数据为其助力。我记得百果园过去有七八百人的信息化团队，现在估计有上千人，你很难想象一家传统卖水果的企业会投入将近一千人去做信息化，然而这正是科学管理的根本，是走向产业互联网时代的根本。这就是经营客户，经营大数据，阳光透明，信息对称。说得直白一些，有了这些，谁到百果园骗吃骗喝也是瞒不住的，这些为信任文化奠定了科技的基础。如果没有这些，简单地去谈信任文化，恐怕也是没有基础的。所以这就是一手文化，一手科技，两样都要有，两手都要硬。

**自己要讲诚信，要值得信赖，这样别人才会信赖你。**

《决策之道》：彭老师提到百果园门店可以无人值守午夜进货，这让我很惊讶，也印证了余总曾经说过的“信任也是一种生产力”。余总对此有什么要说的？

余惠勇：信任文化确实是百果园非常重要的文化特点，也是行业特性决定的，因为水果是鲜活的产品，很多方面都很难掌控，因此，人的主观能动性就特别重要。所以，我们一步步认识到了信任的重要，然后进行升华，形成了我们的观点——经营的本质就是经营信任，如果没有信任就没有商业可言。

有了这种认识，我们就通过经营去建立、巩

> **真正意义上具有传统文化信念的中国人是讲信用、讲礼仪、讲规则的。**

固、维护、提升信任，无论是对内部的员工、股东，还是对外部的顾客、合作伙伴，都围绕着信任这一核心目标进行经营，打造以信任为底层逻辑的管理体系。这是百果园在长期实践中逐步打磨、总结出来的一套基于信任文化的管理体系。

我们也认为，中国人背后有一个“义”字，中国人自古都不缺信任，然而也有两点需要思考。

第一，中国人缺少的是谁首先付出信任。中国人讲究的是“你敬我一尺，我敬你一丈”“投我以桃，报之以李”。你要相信我，我就加倍相信你；你不相信我，我更不相信你。所以，中国人从来不缺少信任，但缺的是谁能够首先付出信任。

第二，中国人从来不缺信任，但缺无条件信任。有条件的信任是一种交易，而无条件的信任中有一种非常强大的能量。我们在实践中认识到了这一点，也在实践中得到了验证。

今天我们往往用科技手段去验证理论，但科技能够掌握的、监控的仍然是很有限的，还有大量科技手段无法触及的领域，比如信任文化就是科技手段无法触及的，也是能够发挥巨大作用的。所以我们认为，以信任文化为底层逻辑的管理体系，才是东方特别是中国人应该秉承的最高效的管理体系，这正是中国传统文化提倡的“无为而治”“无为而无不为”。

所以，是行业的特性逼着我们走向了坚持信任这条路，“三无退货”就是基于对顾客的充分信任、百分之百的信任。因为水果产品中存在很多不确定性，有很多意料不到的东西，是管理手段解决不了的。比如一堆苹果可能外皮看起来都很好，但有个别切开才发现是坏的；一批水果大部分都很好吃，但个别顾客买到的就是不好吃的。水果的缺点是客观存在的，那我们要不要保障顾客满意？当然要，所以我们就走向了“三无退货”这条路。我们是真心这么做，从2009年坚持到了今天，真正得到了顾客对我们的高度认同。

## 华为有“狼狈”，百果园有“家”

《决策之道》：彭老师是《华为基本法》的起草者之一。有一点很有意思，百果园、华为等很多知名企业都是从深圳走出来的，但企业文化往往截然不同。

百果园是一家企业文化很独特的公司，并不忌讳全家人都在公司里工作。我看到一个数据，百果园里有3万多名员工，内部至少有几千组家庭，有孩子领导父母的、妻子带领丈夫的，甚至一家人都在一个部门的。反观华为，外界往往认为它提倡狼性文化，不太考虑家的问题。究竟不同企业该选择什么样的企业文化呢？两位如何看待这个问题？

彭剑锋：每家企业都有自己的文化个性，适合的就是正确的。百果园倡导的是家文化，华为倡导的其实是组织文化。

外界传说华为是狼性文化，我认为这是一种误解。虽然华为在市场上的战斗力、冲击力很强，就像狼一样，但任总从来没有说过华为倡导狼性文化。实际上，华为从一开始就是狼狈文化，狼狈文化就是组织文化——前方打仗的是狼，后方的是狈。狼前腿发达，要有敏锐的洞察力，洞察机会，捕捉猎物，把猎物打回来，把单拿到；狈后腿发达，要为前方打仗的狼提供强有力的支持，要把狼捕捉的战利品整理好，要准时交付。

华为从20世纪90年代到现在，一直强调的都是组织的、平台的赋能体系，“让听得见炮声的人来做决策”，平台要能够给在一线打仗的人赋能、提供炮火。就像任总所说的，对于前方打仗的人而言，必须要有空中支持，这叫品牌；必须要有好的枪支弹药，这叫好的产品与服务；再一个，还要有好

**中国人讲究的是“你敬我一尺，我敬你一丈”“投我以桃，报之以李”。**

的粮草。总之，任总强调的就是组织的、平台的赋能体系，加上一线的集成作战能力，某种意义上这就是“狼狈为奸”的狼狈文化，而不是外界所认为的狼性文化。华为就是赢在组织上，赢在狼狈文化上。

相对而言，余总在百果园提倡的家文化更强调自我驱动，我也很赞成这一点。但是，我认为百果园还得向华为学一点理性。华为特别强调理性、规矩、职业化、按制度和流程办事，真正做到了以客户为中心来打造流程和组织。一家企业除了要有感性，要把员工当家人以外，也一定要建立规矩，要理性管理。

延伸来说，我觉得在这一点上，中国企业还是要向西方企业学习，要尊重理性。有时候中国人容易感性用事，人情味太足。我是赞成“法、理、情”的管理逻辑的，“法、理”在前，“情”在后。中国人往往重“情”，“法”和“理”甚至都可以不要。但做企业不能这样。

总之，我赞成百果园的家文化，要对“家庭成员”充分信任；一个家族都在百果园里边工作，我也赞成。中国文化是离不开“家”这个概念的，中国人的信仰某种意义上是家族信仰，所以百果园可以把家作为企业文化的核心。但是，家有家法，中国很多家族之所以能够实现百年甚至千年传承，是靠家法的，是有规律的。

余惠勇：我非常赞同彭老师的看法。

树上没有两片相同的叶子，更不要说两家企业了。企业和企业之间的表现形式差别非常大，适合采用什么样的管理模式、什么样的企业文化，涉及的因素很多，比如行业特质，不同的行业特质之下适合的企业文化是不一样的。

**每家企业都有自己的文化个性，适合的就是正确的。**

任何企业文化都是因缘和合而成的。百果园并不是一开始就选择了家文化，最初我们严格禁止夫

**任何企业文化都是因缘和合而成的。**

妻、一家人在一起工作，后来实在没有办法，只能靠亲戚朋友介绍，不然招工都招不到，就这样一步一步走到了今天。

所以，企业文化一定是有背景的，它跟历史有关，跟各种机缘有关，跟发展阶段有关，也要符合行业特质，企业文化是不可模仿的。但是，不同的企业文化也有一个共同点：无论表现形式是怎么样的，总要把握中道——强调家的文化，不代表没有法治；强调法治，不代表不近人情。人情和法治是同等重要的。

百果园有家文化，可以说是由几千个家庭构成的，但同时也是非家族化的现代管理企业。我们讲究充分信任，但还有一个“绝不姑息”的精神。在阴阳之间一定要寻求调和，阴中有阳，阳中有阴，最终走向中道，将两者统一起来。这就是中华文化的底层逻辑，阴阳统一，辩证平衡。

彭剑锋：在两极之间不断动态调整、寻求平衡。这个时候，管理就不仅是一门科学，而是一种领导艺术。

本文摘编自正和岛“十日谈”系列直播第二季“想法与活法”

——彭剑锋、余惠勇专场

采编：曹雨欣 王夏苇

扫描二维码

观看彭剑锋、余惠勇对话完整视频

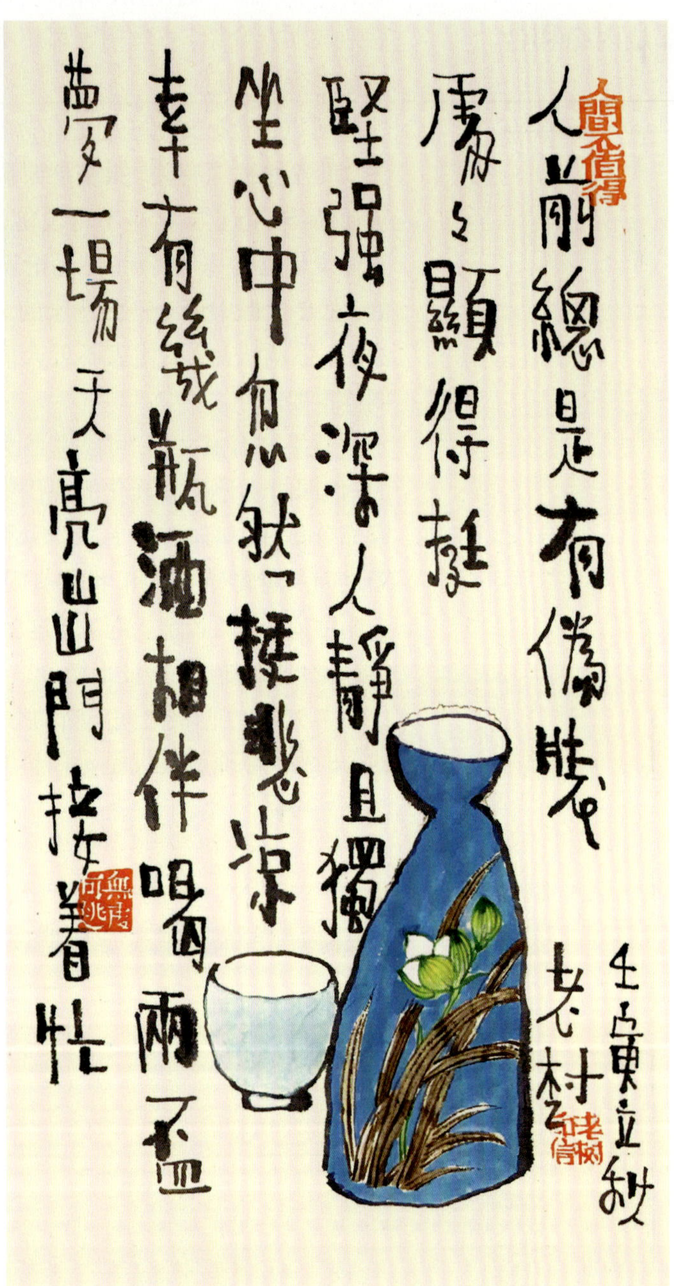


人前总是有伪装，处处显得挺坚强。夜深人静且独坐，心中忽然挺悲凉。
幸有几瓶酒相伴，喝两杯，梦一场，天亮出门接着忙。

插画摘自 @ 老树画画

# 洞见 INSIGHT

# 我们向稻盛和夫学什么?

**曹岫云 独家口述**

稻盛和夫(北京)管理顾问有限公司董事长

2022年8月,稻盛和夫先生去世,享年90岁。稻盛先生留下的思想财富弥足珍贵,他的大多数中文著作由曹岫云先生翻译面世。以稻盛先生新书《稻盛和夫如是说》出版为契机,《决策之道》有幸采访了曹岫云先生。我们将数小时的深度访谈浓缩成这篇文章。相信读者能从中感受到稻盛先生的哲学智慧,获取前行的力量。

## 稻盛和夫如何面对人生困境?

《决策之道》:稻盛和夫是很多人的精神导师。他说,如果他的人生一帆风顺,没有经历挫折和艰辛的话,就不会努力磨炼自己的心灵,不会成为一个懂得体谅和同情他人的人。我们现在处在一个充满挑战的时代,很多人被裁员,或者发展不顺利,备受煎熬。请您分享一下稻盛先生面对困境时采取的态度。

曹岫云:“被裁员”也好,备受煎熬也好,痛苦也好,这不过是一个事实。但是,还有更重要的事实,就是面对这种处境,我们怎么办?

稻盛的青少年时代充满了挫折,小学毕业考初中,连续两年没有考上他想考的鹿儿岛市第一中学。这时候他还患上了肺结核,肺结核在当时是不治之症,稻盛曾经亲眼见到叔叔和叔母因肺结核去世的情景,所以他觉得自己也要完蛋了。那时候邻居大嫂送给稻盛一本书,叫《生命的实相》。里面有一句话把他打动了:身体上的病实际上是心病,是你的心吸引过来的。他一开始不理解这句话,觉得自己没有想吸引肺结核致病菌。但后来一想,父亲照顾患病的叔叔和叔母，近距离接触后没被传染。哥哥大大咧咧，也没被传染。只有自己被传染了。这是因为恐惧病菌这种脆弱的心灵把病菌吸引过来了。从此，他尽量保持积极的心态，后来因为战争逃难，忘记了疾病，就逐渐痊愈了。

后来考大学，他又没有考上理想的大阪大学，只考上了本地的鹿儿岛大学，专业是有机化学。家里节衣缩食培养他读大学，妹妹考上了高中也没上。稻盛很用功，成绩也很好。结果大学毕业了却找不到工作，但有门路的人还是能找到工作的。他觉得世界很不公平，因此非常沮丧，非常痛苦。

当时他的大学老师通过关系，帮他介绍了京都一家瓷瓶工厂的工作。他欢天喜地地去京都上班，去了才知道那个企业已经连续亏损十年，工资都发不出来。一起进去的五个大学生，碰到一起就发牢骚："我们怎么这么倒霉""这个破企业，赶快辞职"……后来其他四个大学生都走了，他也考上了一家待遇较好的单位，但报到时需要户口簿复印件，他哥哥不寄给他，说"你这小子忘恩负义，老师好不容易给你介绍了一个工作，公司好歹给了你饭碗，你对公司做出了什么贡献？不到半年就想跳槽，你好意思吗？"

在走投无路的情况下，稻盛反而把问题想通了——既然改变不了周围的环境，那就改变自己的想法和行动吧。一天到晚发牢骚，说老板的坏话，骂社会不公平，嫌家里穷，感叹命运不好，除了使自己的心情更加消极之外，没有任何意义，与其如此，还不如把热情投入眼前的工作当中去。

**对困难挫折采取什么态度才是关键，正确的态度会带来好的结果。**

人是很奇怪的动物，想法一变，心情反而轻松了。于是他排除杂念，全身心地投入研究。因为排除了杂念，心灵纯粹了，就很容易看到事物的真相，他的研究就有了成果。领导来实验室表扬他，稻盛原本对无机化学没有兴趣，但做出成果、受到表扬后就来劲了，甚至住进了实验室，一年后他的研究就有了重大突破。

现在的青年和当年的稻盛一样，面临困难也好，遭遇挫折也好，都是事实，但这不是全部事实，更不是事实的本质。对困难挫折采取什么态度才是关键，正确的态度会带来好的结果。

我年轻时候也经历过重大挫折，但我对造成我挫折的那些人恨不起来，甚至对那段经历充满了感激。我想，我连这种事情都经历过了，还怕什么呢？这样的挫折是我终生的精神财富。我想过，稻盛来中国几十次，有很多高水平的粉丝，为什么放心让我来做中国的盛和塾呢？就是因为我年轻时也经历过重大挫折，所以我比较能够理解他的哲学。

经历挫折后一定会开悟吗？我研究了稻盛和夫与我们中国的王阳明，二人有很多相似之处：人生经历过很多挫折，后来都进入了哲学的境界。在我的书《阳明心学与稻盛哲学》中提出了一个问题：王阳明开悟之前为什么没有开悟？他有那么高的天分，又吃了那么多苦，比如被打了四十大板发配到修文县。其实，到那时他一直还没有开悟，为什么后来会突然开悟呢？我认为，王阳明之前不能开悟是因为生死杂念还在他脑子里——哪怕有一丝一毫的杂念，人就不能开悟。

稻盛也是这样，发明新材料的灵感是怎么来的呢？他说："我在做实验的时候，死死盯着实验中发生的现象，是实验现象告诉我真理。但如果我有杂念，比如想到实验成功的话领导会来表扬我、下个月可以加工资……一有杂念，灵感就不来了。"要发现现象中包含的真理，我们的心灵这面镜子就需要透明、清澈。如果心怀杂念，或者有先入之见，就不能如实接受现象想告诉自己的真理。所以，开悟的关键在于提高心性，磨炼灵魂，把心中的杂念去掉。

**开悟的关键在于提高心性，磨炼灵魂，把心中的杂念去掉。**

我翻译稻盛著作的时候发明了一个词，叫"心纯见真”，即纯粹的心灵才可以看见事物的真相，这四个字甚至比“实事求是”还重要。比如贪官，对自己有利，他才会实事求是；对自己不利，他不会实事求是。而心纯见真，就是把事物包含的真理与自己的心灵状态结合起来，保持心灵的纯洁，排除杂念，就可以不断地发现事物的真相，不断做出正确的判断，持续取得好结果。

## 为什么稻盛的一句话能让日航重生？

《决策之道》：稻盛哲学的核心是不断叩问“作为人，何谓正确”，把这句话作为判断事物的基准。您也反复提到了这句话，但每个人的成长经历、教育背景都很不一样，判断基准能一样吗？到底应该怎么理解这句话？

曹岫云：很多人理解不了稻盛哲学，主要就是理解不了这句话。稻盛反复强调，自己的哲学用一句话概括，就是把“作为人，何谓正确”当作判断一切事物的基准，他的《京瓷哲学》《经营十二条》《六项精进》等都是由这一条演化出来的。

每个人的成长经历、教育背景不同，对“何谓正确”的答案也不同。

如果说“何谓正确”讲的是个人的兴趣爱好，这就没有好坏，也没有统一的标准，这个世界本来就是多样化的。从个人好恶，或者个人得失来判断“何谓正确”，答案确实是不同的。这就是问题。

稻盛受邀重建日航，上任不久，组织日航干部开会，他说：“我判断事物是有基准的，这个基准就是‘作为人，何谓正确’。”在场的日航干部都没反应过来。稻盛又说：“现在反应不过来是正常的，不过以后你们处理问题时，如果遇到没有把握的事情，就要把这句话拿出来对照，再做判断。”

**“心纯见真”，即纯粹的心灵才可以看见事物的真相，这四个字甚至比“实事求是”还重要。**

“作为人，何谓正确”就是要正直，不可以骗人，不可以贪心，不能给人家添乱等简单朴实的道理。有的日航干部不理解，说："稻盛先生，我们好歹也是东京大学、京都大学等名牌大学毕业的，当了这个位置上的干部。现在你用小学生都懂的道理来教育我们，这就能拯救日航了吗？"稻盛听了就发火：你们连作为人应该做的好事和不应该做的坏事都分不清，连"作为人，何谓正确"这样的道理也不愿思考、不愿接受、不愿实践的话，请赶快辞职，因为靠你们这样的人重建日航是不可能的。

**"作为人，何谓正确"就是要正直，不可以骗人，不可以贪心，不能给人家添乱等简单朴实的道理。**

"作为人，何谓正确"是稻盛哲学的核心，这句话听起来简单，但在实际的工作和生活中，大部分人会忘掉这句话。稻盛接手日航时，日航是一个官僚机构，有八个工会，他们只考虑自己和自己部门的利益。他们的判断基准不是"作为人，何谓正确"，而是作为他们自己，何谓正确。他们以利害得失而不是以是非对错为基准判断事物，所以整个公司像一盘散沙。稻盛去日航以后，身教言教，全公司都以"作为人，何谓正确"来判断和行动。于是，每个人都在岗位上认真工作，不断改进，加上日航导入了阿米巴模式，每个人每天都算账，努力实现销售最大化、费用最小化。一年下来，日航的业绩，从一个申请破产的航空公司飙升到顶峰，实现了1884亿日元的利润，这是日航60年历史上最高利润的2倍，在全球航空公司中也遥遥领先。

为什么稻盛的这句话能实现日航重生呢？因为把"作为人，何谓正确"当作判断基准，换句话说，判断事物的基准是良心、利他心。稻盛认为私心和良心、利己心和利他心在每个人的心中同居，在无意识的状态下，一般都是私心和利己心占上风，就是把对自己是否有利作为判断基准，这就容易做出错误的判断。所以为了做出正确判断，就需要"作为人，何谓正确"这个判断基准。

稻盛相信利己心、私心私欲、假丑恶等，有时它们虽然很猖獗，但不是人的本质。人的本质是真善美，是良知。他不但相信自己有良知，而且相信日航的员工也一样有良知，只是之前企业的领导者让员工的良知被私心掩盖了。稻盛无私忘我的精神感动了员工，激发了他们的良知，大家都发挥出自己的力量和智慧，就创造了奇迹。

我们所有人的良知都是一样的，不比稻盛和夫少一点。但人和人最大的区别，就在于有没有觉悟良知。稻盛演讲时说："像我这样的人还能做出这么大的成绩。你们说我是'经营之圣'，如果我是什么'圣'的话，你们只要同我有一样的想法，像我一样努力的话，你们都可以成圣。"因为人都有一样的良心良知，这跟人的生长环境、教育经历没有关系。所以，以良心良知，也就是以"作为人，何谓正确"判断事情，具有普遍的正确性。

而且这个判断基准超越国界，超越民族，超越时代。相反，如果把对自己是否有利作为判断基准的话，也许一时对自己有利，但长期效果一定不好。因为对自己有利的行为不一定对他人有利，不一定对组织、社会有利，这就得不到各方的支持，所谓 "得道多助，失道寡助"就是这个意思。

那么，作为人，何谓正确呢？作为人，应该勤奋，不应该懒惰；应该谦虚，不应该傲慢；有权的人应该知足，不应该贪婪，不应该损人利己；艰难的形势下，应该积极乐观，不应该悲观，不应该逃避……这些道理从王侯将相到平民百姓，大家都知道，只要实践就行。

## 稻盛和夫的三种自律

**判断事物的基准是良心、利他心。**

*《决策之道》：现在国内有不少企业家从高峰跌落，稻盛先生说过，"企业最大的风险是作为一把手，自己是不是蜕化变质"。您在新书《稻盛和夫如是说》的*

推荐序中提到了稻盛先生的三种自律，希望您能给读者做更多的分享。

曹岫云：不光是中国有很多企业家从高峰跌落，日本也有很多这样的现象，就连稻盛有时也会傲慢。

**第一种自律是谦虚。**当京瓷公司的利润达到几十亿日元时，稻盛的年薪仍然只有300万日元，比其他干部高不了多少。这时他心里也不平衡："这个企业是靠我的技术建立起来的，是我夜以继日的奋斗促进了企业的发展，是我的才能让企业获得了成功"，怎么算都太亏了。但稻盛善于反省，他后来意识到了自己的傲慢，发表了一篇文章《经营者的本质是奉献社会》。文章说，时代需要京瓷公司及其产品，是时代碰巧选择了京瓷，选择了自己；经营企业就像拍一场戏，拍戏需要主角、配角等台前演员，也需要导演、摄像等幕后工作人员，自己不过是碰巧被选为主角。社会需要各种各样的人，自己扮演了京瓷公司社长的角色，当社长要有经营才能，但才能是上天所赐，自己不可据为己有。

他不但自己谦虚，也要求所有员工谦虚。京瓷公司每年都有一句年度口号，公司高速发展的时期，连续两年口号都是："要谦虚不要骄傲，努力，努力，再努力！"

一个人无论有多大的功劳、多高的天赋，一旦傲慢，良知就会被蒙蔽，就会做出错误的判断。

**第二种自律是反省。**"我之所以没有堕落，是因为我学会了反省"，稻盛每天都要反省。为什么每天都反省？他说，"我也是人，也会犯错误"。他有时候也会做出错误判断，后来自己反思，或者听取别人的意见后，意识到错误就立即改正。

很多人成功以后傲慢、堕落了，稻盛没有堕落，是因为学会了反省。有时候他会早晨起来对着镜子反省："我昨天发了脾气，没有控制好自己的情绪"，

**如果把对自己是否有利作为判断基准的话，也许一时对自己有利，但长期效果一定不好。**

《稻盛和夫如是说》
[日] 稻盛和夫 口述
曹岫云、张凯 译

机械工业出版社
2022年6月

甚至对着镜子骂道："你这个家伙，怎么又这个样子！" "老天爷，我以后一定注意，一定不再犯同样的错误了！"反省的时候，稻盛一方面向神忏悔自己的错误，一方面感谢神让自己意识到了错误。

人都会犯错误，"人非圣贤，孰能无过"，其实圣贤也会犯错误的，唯一的办法就是反省，反省是一种修炼，稻盛把反省作为每天的功课来做，一辈子保持了谦虚的态度。

**第三种自律是感谢。**稻盛对什么事情都感谢，遇到好事情感谢，遇到坏事情也感谢。他曾经说："感谢滋润了我道德观的根基，塑造了我心灵的原型，活着就要感谢。"对磨难也要感谢，年轻时的磨难其实是终身的财富。稻盛遇到过很多磨难，他说缺了其中的任何一次，就没有今天的稻盛和夫，也没有京瓷和KDDI这家电信公司。

由衷地感谢磨难是稻盛成功的秘诀。不因磨难而烦恼，才能把精力放在应该做的事情上去，并且做到极致。这三种自律是很多人，尤其是企业家都缺乏的。缺乏这三种习惯，人很容易堕落。

有人问我稻盛和夫是一个什么样的人，我说他是通过光明大道达到巨大成功的典范，是纯粹的理想主义和彻底的现实主义优美结合的典范，这就是高位平衡。稻盛和夫存在的本身就给了企业家巨大的信心：把作为人应该做的正确的事情以正确的方式贯彻到底。稻盛和夫能做到，我们为什么做不到？做人要做稻盛和夫那样的人，经营企业要像稻盛和夫那样经营。我们虽然没有稻盛和夫那样的才能，但只要在正确的方向上拼命努力，就一定可以获得属于我们自己的那一份成功和幸福。

采访：曹雨欣

编辑：田兴宇

# 人生若觉不快乐，只因未读苏东坡

**费勇 独家口述**
作家、著名文化学者

**龙吟 独家口述**
作家、暨南大学教授

**水姐 主持**
秦朔朋友圈创始主编

宋代文豪苏东坡一生可谓坎坷：中年丧妻，老年丧子；为官四十年，被贬三十年。但他被后人称为宋代最乐观的诗人，留下无数豪迈的诗词："大江东去，浪淘尽，千古风流人物""竹杖芒鞋轻胜马，谁怕？一蓑烟雨任平生"……苏东坡如何保持喜悦的心灵、洒脱旷达的人生态度？我们又能从他身上学到什么？正和岛邀请到著名文化学者费勇、暨南大学教授龙吟与秦朔朋友圈创始主编水姐，就"苏东坡：人生如何过坎儿"这一主题展开深度交流。本文为此次对话精编。

## 苏东坡如何给自己减压？

水姐：除了写诗、记录来解压之外，苏东坡的解压方式中有哪些是比较适合于现代人，在遇到坎儿、在生活中遭遇生离死别后用以调适自己内心的？

龙吟：我讲一些案例。苏东坡内心最矛盾、最憋屈的时候是在哪儿呢？在湖州当太守时。为什么？湖州在当时是一个中州，就是我们现在讲的一般地级市，而徐州和杭州都是上州，类似于现在的北上广深。他从徐州到湖州等于是被贬官，后面的路怎么样，他自己摸不着底。所以到湖州当太守是他最憋屈的时候，他在《湖州谢上表》里就写了很多怨言、牢骚。

这个时候，苏东坡怎么解压，怎么调适自己的心理呢？其实非常简单，一个人跑到郊外去。他到湖州三五天后，写了一首诗："花光红满栏，草色绿无岸。不逢青眼人，长歌白石涧。"

这首诗好像又写景、又写人，有点杂，但其实这是苏东坡最好的解压方式：靠着山光水色，靠着春光。最关键的是后两句："不逢青眼人，长歌白石涧"，这个青眼人表面上是指道人，其实是指皇上、朝廷，指对他不欣赏的人，指对他没有青眼相看的人。怎么办呢？他到大自然里歌唱去。苏东坡借助花、草等大自然的一切来给自己解压。

他还有另外一种解压方式，就是完全沉迷在自己的家庭生活、沉迷在自己爱人的港湾里。他在最困难、心情最不好的时候，有王弗、王闰之和王朝云这3个女人给他提供的港湾，他回到家里就感觉回到安乐窝中。这也是非常好的一个解压方式。

水姐：我觉得苏东坡是一个很容易自己跟自己过、有自己精神支柱的人。不靠外界，只靠自己本身的理念、精神上的东西让自己放下。

费勇：要想解压，根儿还是在价值观上。假如价值观没有改变，只是在痛苦的时候去写诗或者去锻炼，我看没用。我周围也有一些朋友天天跑步，但我看他们越跑越憔悴，因为他们的价值观、世界观、内心的结其实没有真正打开。

首先我们要去改变内心一些最基本的东西，苏东坡也是这样做的。苏东坡在他最倒霉的时候——到黄州，干了什么？他在黄州几乎每天去一次寺庙，到寺庙打坐、冥想，完全皈依佛教了。苏东坡在倒霉的时候并没有像有些人一样怨天尤人，他说他要从根儿上改变自己——信佛。

除了写东西，苏东坡还有一种疗愈方式——他这个人一苦闷的时候，特别喜欢洗澡。他写过关于洗澡的禅理诗，写出了那种禅机，非常有意思。

**要想解压，根儿还是在价值观上。**

龙吟：就是"居士本来无垢"——我身上是没有灰尘、没有脏东西的，都是别人抛给我的。苏东坡在海南写"天容海色本澄清"，在定州写"天质自清华"，都是一个用意——他始终坚信自己身上这种良好的品质。所以苏东坡有非常好的天性，一般人做不到，或者说一般人一定要学习。

他的弟弟苏辙评价苏东坡一生最大的优点是什么？不是“满眼都是好人”，而是平生无怨尤，平生对任何人都没有埋怨过，所以我们看不管敌人怎么迫害他，他都不埋怨。为什么呢？第一，他只怪自己；第二，他认为别人给自己的生活带来了另外一种景致，是这么一个观点，“九死南荒吾不恨，兹游奇绝冠平生”。

苏东坡平生无怨尤，这是非常难得的。现在人和人之间，包括夫妻、朋友间只要一有怨尤，往往矛盾就起来了。要是大家都能从容、宽容，去包容对方，往往就没事。苏东坡最大的特点就是不去怨，什么人都容得下。

另外，他还有一个非常好的个性，他总是敏感的，对大自然敏感，接地气。而有些人看着是出去跑步解压，但其实他满脑子都还在想着职场上的事情、生意做得怎么样、别人对自己怎么评价，等等，思想始终还是跳脱不开。

**苏东坡的一生给我们的启发就是：世界上没有过不去的坎儿。**

水姐：那有哪些坎儿是苏东坡没有跨过去的吗？

龙吟：应该说他唯一没跨过的坎儿就是最后的死亡。除此之外，其他所有的坎儿都跨过去了。

费勇：但是我觉得死亡这个坎儿也算跨过去了，因为他对于死亡没有任何恐惧。作为一个普通人，苏东坡算是活出了最有人性的境界，但又活得非常通透。所以我觉得苏东坡的一生给我们的启发就是：世界上没有过不去的坎儿。

## 苏东坡的“游戏人生”：无怨尤、不滞留

水姐：我们再聊一个话题，为什么苏东坡总能在悲苦和漂泊中找到向上的力量？他永远在漂着，却还能找

**到让他心安的地方，有哪些可供现代人借鉴或学习的可操作的方法吗？**

费勇：最重要的还是苏东坡的那句“此心安处是吾乡”。实际上把心安定下来是非常重要的，但它的难度在于心要大。

到底怎么把心安定下来？我认为苏东坡有他的一套方法。我举一个例子，我们一般人在遇到倒霉的事情时，很容易就会被倒霉的事情带着走。但苏东坡有一种能力，他会专注在眼前。

苏东坡在去黄州的路上，一路很寂寞、很孤独，但他说，“幸有清溪三百曲，不辞相送到黄州”，意思是我已经很幸运了，有三百条清清的溪流，像我的朋友一样陪着我到黄州。后来他到惠州，更倒霉了，两眼摸黑，也不知道找谁，只能一个人喝酒，但他说：“先生独饮勿叹息，幸有落月窥清樽。”什么意思呢？他说，虽然我一个人喝酒，但也不要叹息，我已经很幸福了。为什么幸福呢？因为月亮在偷偷地看我的酒杯。

在“乌台诗案”刚发生时，苏东坡还有那种绝望、痛苦的情绪，比如在黄州看到海棠、斑鸠时，他会觉得与它们同病相怜；但后来到了惠州，苏东坡写荔枝，说这太好吃了；到海南则写椰子，他不仅说椰子好吃，而且拿椰子来做帽子玩。非常有意思的是，苏东坡这个人似乎越来越倒霉，但我们会发现他的内心好像越来越开阔了。

他的内心和精神状态，越来越像德国作家席勒所说的处于一种“游戏状态”。人要想获得自由，必须把自己当作人。而人的特点就是有一种游戏的本能。苏东坡在海南时，把椰子做成帽子戴，完全是“游戏人生”了。但这个游戏人生不是我们现在所讲的吊儿郎当，我认为他把握住了生命内在的旋律——他越来越松弛，最后心非常开阔、自在，又很活泼。

**不管你的过去是功劳，是苦劳，还是疲劳，或是苦难，都不要滞留。**

龙吟：苏东坡的优点是无怨尤，即不怨天尤人。不管你的过去是功劳，是苦劳，还是疲劳，或是苦难，都不要滞留。为什么？赶紧翻篇，还有美好的、新的生活和新的地方在等着你，人生的快乐多得是。

所以苏东坡永远保有一颗赤子心，就是一种游戏状态。老子到晚年就追求这种赤子之态、婴儿状态，他七八十岁时还跑到上百岁的父母亲跟前，像一个孩子似的玩。你以为他是在取悦父母吗？其实他自己也想回到那种真正忘掉尘世烦恼的状态中。苏东坡做到了这一点，他在很多情况下就像个孩子。也唯有保留这份童心的人，才能在生活中获得最大的快乐。

唯有保留这份童心的人，才能在生活中获得最大的快乐。

## 苏东坡为什么总是那么乐观？

水姐：新冠肺炎疫情已流行了3年，“内卷”这个词好像也跟着流行了3年。这种越来越卷的氛围，似乎让人觉得什么都是很紧张的，包括家庭关系、亲子关系和上下级关系，等等。我们怎样跟苏东坡去学习“一笑泯恩仇”，让这个社会稍微宽容、松弛一点？

费勇：我觉得每个人都有自己的命。每个人来到这个世界上，就要接受“命运”这个东西，苏东坡也很难摆脱时代的命运。但在另一方面，每个人来到这个世界上，都可以把自己内在的潜力发挥出来。

苏东坡遇到一个比较痛苦的时代——新党和旧党之争，这跟他成长时期的政治环境是完全不一样的。但苏东坡为什么还是那么乐观？我觉得，因为任何时候他都很重视自己的个人生活和家庭生活，把个人生活看得高于社会生活，这是很重要的一点。有了这点以后，苏东坡就形成了一种生活艺术，我把它归纳为“做个闲人，对一张琴，一壶酒，一溪云”。在任何情况下，不管外面是打仗，还是股票崩盘，跟我有什么关系呢？我知道酒依然可以喝。我总还是可以有一个自己热爱的兴趣，比如弹琴、下棋。而且不管时代怎么变化，大自然时刻都在，每天晚上都有月光，每天窗外都有树木在摇曳，就像《前赤壁赋》里说的“惟江上之清风，与山间之明月”。

苏东坡形成了一套审美能动性的生活艺术，在任何时候，他都是“无条件地快乐”，不像我们现在的有些人，一定要等到发工资才快乐、等到涨工资才快乐、等到当博导才快乐。这特别值得我们现代人学习。现代人好像对外在的东西太过关注，尤其是现在网络上充斥着各种各样的信息，我们总是被信息带着走，很焦虑这个世界最后会怎么样。我经常开玩笑说，不用操心这个，大不了天塌下来。就算天真的塌下来了，又有什么好怕的呢？我们大家不就都回归宇宙中了？没有什么好担心的。这是我从苏东坡身上学到的一个非常重要的东西。

龙吟：其实苏东坡这一辈子从来没有躺平过，但是他坚决远离内卷。只要有竞争的地方、拼命卷的地方，苏东坡都尽量远离，这就是他做人的一种选择。比如，只要朝廷出现党争了，他马上就说自己请求外任、请求“撤退”，远离党争的旋涡。

为什么苏东坡要这么做呢？因为苏东坡骨子里是道家。他从小就拜道士为师，道家的很多思想，他都吸收了。苏东坡从老子身上学到一处精髓，就是《道德经》第十六章里讲的“容”：“知常容，容乃公”。苏东坡对这句话的理解特别深刻，一生都践行着它。名也好、利也好、官也好，他从来不争，也不介意别人怎么说。而且他做事都尽量做到对得起别人：别人可以对不起我，但我尽量对得起别人。比如章惇被贬到雷州后，他选择与章惇和好，还要给章惇送药；沈括后来被贬官，苏东坡还说：好兄弟，我跟你就是陆机和陆云的关系。

苏东坡为什么要这样做？就是要追求自己内心

**每个人来到这个世界上，就要接受“命运”这个东西。**

的从容。他的人生最后达到了从容的境界，他就不会去参与内卷，因为何必呢？

## 假如苏东坡是个企业家

水姐：正和岛是个企业家平台，在“寒气逼人”的当下，企业家可能会在乐观和悲观的情绪之间不停切换，不知道苏东坡能给这些企业家带来什么启发？

费勇：第一，苏东坡身上体现了中国士大夫非常陈旧的一个观念，而且这个观念造成了中国近代以来的历史发展与欧洲不一样。我在写陶渊明和苏东坡时，曾有过一个感慨：假如中国历史上像陶渊明、苏东坡这么聪明的人，当他们离开体制后不是安贫乐道、苦中作乐，而是像范蠡那样，通过商业来创造财富，那么中国现在可能完全是另外一种历史状况。当然这不能假设。

苏东坡给我们的一个启发其实就是，我们可以反思一下，像他这样聪明的人为什么不愿意去做生意，而是更愿意去当官呢？我很感慨，说“观念就是我们的命运”，聪明如苏东坡这样的人最后都被局限在了观念里。在我看来，苏东坡错过了他那个时代最伟大的一次机遇。他本来可以过上又自由又有钱的生活，但他错过了。

在今天，企业家首先要“清理”自己的观念——当新情况尤其是高科技出现时，实际上隐藏着一种机会。有些机会真的非常了不起，将给我们带来新的命运，同时也代表一个新时代的到来。

第二，苏东坡是一个很绝望的人，但他对什么绝望呢？对外在、对这个世界很绝望。他认为人生是一场大梦：“世事一场大梦，人生几度秋凉？”但我们要记住，在他写下这首词的时候，几乎是在黄州的同一时期，他又写了另外一首词：“谁道人生无再少？门前流水尚能西！休将白发唱黄鸡。”

**永远相信自己，相信自己在任何时候都可以过好人生。**

**官有多大、钱有多少，都是没有用的，官再大也买不来快乐，钱再多也洗不去忧愁。**

所以苏东坡一方面对这个世界绝望，没有任何期待，另一方面对自己充满信心、对自己永远不会绝望，永远相信自己，相信自己在任何时候都可以过好人生。

这两点值得今天的企业家以及各界朋友去斟酌。

龙吟：其实苏东坡没有经商，不是他一个人的局限，因为中国古代本来就是“万般皆下品，唯有读书高”。苏东坡其实有很多商人朋友，包括他帮一个小商人卖扇子，扇子发霉了，他就帮忙题词，对商人很友好。而且他在考进士时，家里很穷，是一个姓杜的大商人帮了他。他后来的好朋友陈季常也是经商的，还开镖局。苏东坡一生虽然没有经商，但他创造了很多商业价值。现在我们海内外的华人众口一词，在旅游景点的创造上，苏东坡无人能比。

他所到的地方，不管是升迁、贬官甚至是路过的地方，都开发成了非常好的旅游景点。苏东坡创造的旅游价值是中国历史上任何一个文人或者官员都没有办法媲美的。

所以我认为，苏东坡给我们的启示就是三句话：第一句是创造价值；第二句是活出真我，苏东坡是一个很真的人，他在任何时候都不去搞虚无的东西，就是活出真我、活出自己的个性；第三句是苏东坡一直讲的“快乐是生命的真谛”。所谓官有多大、钱有多少，都是没有用的，官再大也买不来快乐，钱再多也洗不去忧愁。

苏东坡告诉我们，快乐才是生命的真谛。如果你活着不快乐，就是愧对自己的生命。

扫描二维码
观看费勇、龙吟、水姐对话完整视频

摘编自正和岛“十日谈”系列直播第二季“想法与活法”
——费勇、龙吟、水姐专场
编辑：徐悦邦　田兴宇

你要去做大事，你要心怀梦想。纵身跃入江湖，忽然不知何往。

插画摘自 @ 老树画画

# 书 BOOK
# 单

**何日生 书单**

哈佛大学文理学院特聘学者、慈济慈善基金会副执行长

这一系列书籍之推介，主旨在引领读者回归内心的沉炼，寻得“静定”与“智慧”兼具的心灵力量。它们包括心理学、文学与诗歌的杰出作品。这些作品能够引领您一步步抛开凡俗的捆绑，寻回自我的清净，洞悉生命的本源，培养根本的智慧。

《爱的艺术》
[美] 艾里希·弗洛姆 著

著名德裔美籍心理学家弗洛姆的《爱的艺术》，是全面探讨爱的一本佳作。他指出，人都是用“有”取代“是”：我有汽车，我有豪宅，我有学历，我有地位，我有金钱。但我是谁？自己却不清楚！这是当代人自我认知的危机，也是爱的能力的危机。

越能自知，就越能自爱；越能自爱，就越能爱人。《爱的艺术》能帮助我们增进对自我的了解，扩大对他人的理解，建立与他人的爱的关系。

《先知》
[黎巴嫩] 纪伯伦 著

中国古人讲“诗言志”，诗让人的心智更超越、悠然、遐远。每个人都应该读一点诗。黎巴嫩诗人纪伯伦的《先知》，是诗，是哲学，是人生幸福的智慧基石。我们且听他怎么说：

“生活的确是黑暗的，除非有了渴望；所有渴望都是盲目的，除非有了知识；一切知识都是徒然的，除非有了工作；所有工作都是空虚的，除非有了爱。”

在事业与生活的忙碌之余，让你的心沉浸在诗中吧！

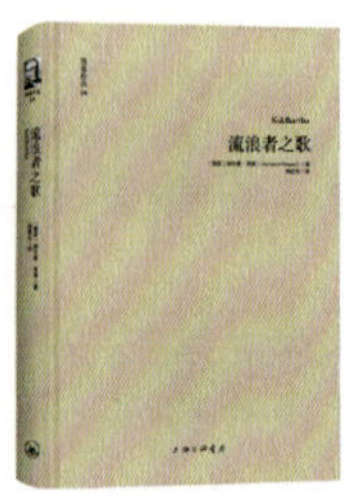

《流浪者之歌》
[德]赫尔曼·黑塞 著

德国诺贝尔文学奖得主赫尔曼·黑塞的名著《流浪者之歌》，描写修行者悉达多在财富与名位之间迷失自我，在修道过程中透彻生命之理，又顿然感悟离群之虚无。在几经人生沉沦、爱恨、成败的周折之间，他终于得到心的解脱。

许多成功的人都曾像悉达多一样，想修行，又怀念世俗；享受显赫尊荣，又感知到繁华富贵的空虚。在反复探索中，你能否寻得自在清净之路？能否体悟到内心的安宁与爱才是生命最终的归宿？

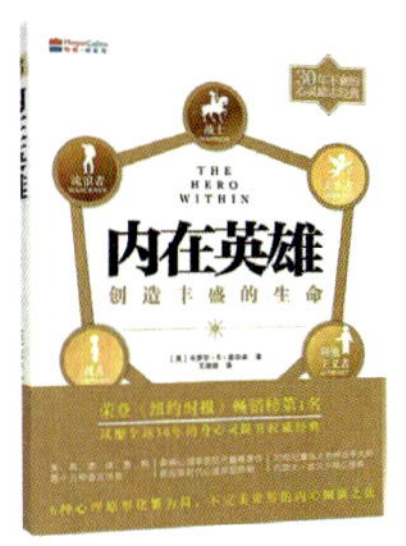

《内在英雄》
[美] 卡罗尔·S.皮尔森 著

卡罗尔·S.皮尔森的名著《内在英雄》是荣格心理学派的现代巅峰之作，它把人格原型分为六大类，分别是“天真者、孤儿、流浪者、殉道者、斗士及魔法师”。每个人都可能有过这些人格的特质。

人从懵懂无知进入社会，以单纯的心面对复杂的世界，是为“天真者”；或在与群体融合中面临极大的挑战与困扰，以致感受到自己成为“孤儿”；或寻寻觅觅追求自我，不知其终，是为“流浪者”；或领悟到生命应该为他人、为理想而献身，是为“殉道者”；或看到社会不平，希望击败一切邪恶，是为“斗士”；或锻炼自己，成为有能力将恶转化为善的智者，是为“魔法师”。

您现在处在何种人格原型之中？不同原型之间该如何转化、如何超越？皮尔森透过此书向您揭示人格超越之道。

《一念间》
何日生 著

“静与定”是生命追求的境界。然而我们应该追求“静中静”还是“动中静”？

我在投入慈善近20年的岁月中，深刻体悟到“慈悲利他”能让我们的心灵得到最大的“静与定”。所谓禅定，就是在爱的行动中得静、得定！

《一念间》阐述我对生命的省思。当您觉得没有力量时，不应该孤独地寻求疗愈，反而应积极地投入人群；当您觉得心受了伤，不应沉溺在悲伤里，而应找个人去爱，无私地去爱，就会找到自我心灵力量的泉源。这一泉源不是他人或任何外物能赋予的，而是本来就存在于我们自身的本性中的。当我们开启爱与利他的行动，就能启动源源不绝的心灵力量。

每个人心中都有善与恶的种子，如何转恶为善？当境界来时，我们都应用舍、爱，而不应以贪、嗔来面对；当境界来时，我们要给予、赞叹，而不是染着、嫉妒。如此，我们就能逐渐地把心中每一点恶转成善。所以，每一个境界都是转换心念的最好因缘，都是把心中恶的种子改为善的种子的最好契机。这都是心灵在“一念间”的转与悟！

**纳瓦尔·拉维坎特（Naval Ravikant） 书单**

美国股权众筹平台AngelList联合创始人兼CEO

著名投资人、创业者纳瓦尔在硅谷乃至全球创投圈里都广受推崇，截至2020年，他投资了100多家公司，包括Uber、Twitter等明星企业。纳瓦尔出自纽约一个贫穷的印度裔移民家庭，15岁就为补贴家用到餐饮公司打工，但他每天都抽时间看书，一步步走进了常春藤名校达特茅斯学院。他说："阅读是我一生中所有成就的来源。"以下是他推荐过的部分书籍。

《历史的教训》
[美] 威尔·杜兰特、
[美] 阿里尔·杜兰特 著

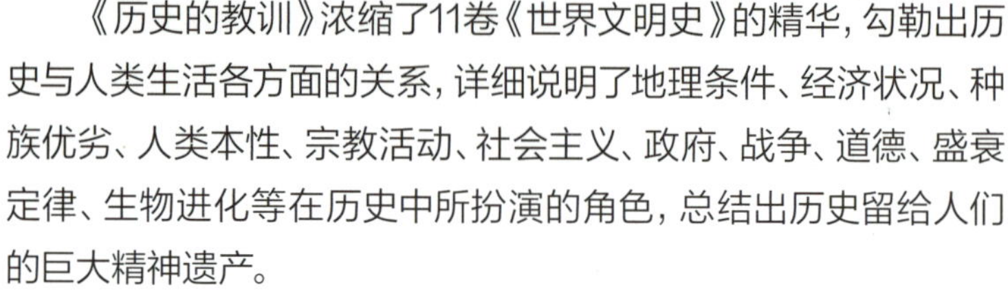

《历史的教训》浓缩了11卷《世界文明史》的精华，勾勒出历史与人类生活各方面的关系，详细说明了地理条件、经济状况、种族优劣、人类本性、宗教活动、社会主义、政府、战争、道德、盛衰定律、生物进化等在历史中所扮演的角色，总结出历史留给人们的巨大精神遗产。

"这本书特别好，我非常喜欢。它提纲挈领地总结了一些宏大的历史主题。不同于大多数历史书，这本书实际上篇幅不长，却涵盖了多方面内容。"——纳瓦尔

《理性乐观派》

[英] 马特·里德利 著

这本书涵盖了人类的整个历史，从石器时代说到互联网，从明王朝的积重难返讲到蒸汽机的发明。天灾人祸固然必不可免，但多亏了人类发明创造的无穷能力，21世纪必将实现巨大的经济繁荣——繁荣来自人人为人人效力。

"这是我过去几年读过的最精彩、最具启发性的一本书。我推荐马特·里德利的所有作品。马特是一名科学家，一位乐观主义者，也是一名具有前瞻性的思想家。"——纳瓦尔

《非对称风险》
[美] 纳西姆·塔勒布 著

约3800年前，《汉穆拉比法典》就揭示了一条法则——在人与人的交往中建立对称关系，以防有人转嫁隐藏的"尾部风险"。但实际上，非对称风险也一直存在于人类历史之中。塔勒布提出，人们在面对非对称风险和外部压力时，只有践行"风险共担"的原则，才能做出正确决策，以应对现实世界的不确定性。

"书中有很多引人入胜的观点，还有很多先进的心智模型和构想。作者对很多事情都带有批判态度，但这也是因为他太优秀了，有资格这样做。所以，不要在意他的态度，只学习书中的概念就好。"——纳瓦尔

《沉思录》
[古罗马] 马可·奥勒留 著

无论远古或当代、帝王或凡人，外部世界的进取终难替代心灵的安顿。今天，当工具理性与世俗浪潮蔓延至地球的每一个角落时，我们更有必要从穿越千年的不朽文字中探望人生，寻找精神的故园。这是一本关于安身立命的书，古罗马帝国皇帝奥勒留利用四方征战与政事辛劳之间的片暇，记录下与自己的心灵对话，为后世开启了别样的风景。

“奥勒留是罗马皇帝，这本书是他的私人日记。所以，书中的内容都是奥勒留写给自己的，他从未想过会被出版。奥勒留应该是当时世界上最有权势的人，然而，打开这本书，你会发现他竟然也有着跟我们同样的问题和精神挣扎；他一直努力让自己成为一个更好的人。读了这本书，你就会明白成功和权力并不能改善一个人的内在状态——你仍然需要为之付出努力。”——纳瓦尔

《生命之书》
[印度] 吉杜·克里希那穆提 著

克里希那穆提被世人称作“20世纪最卓越的心灵导师”，他的著作被译成47国文字，在欧美、印度及澳大利亚有广泛而深远的影响。本书是从克里希那穆提的著作集、访谈集等著述中选编出来的，按全年365天编排，每天一篇，每周一个主题，总共48个主题，每一篇都是克里希那穆提针对现代人了解自己、领悟生命的开示。

“克里希那穆提是一位出生于19世纪末、生活在20世纪的印度哲学家，对我影响极大。他坚定执着，直截了当，他的主要观点是，要时刻观察自己的思想。他最好的书应该就是《生命之书》，这是他各种演讲和图书的节选。我会把《生命之书》送给我的孩子，并告诉他们长大之后再读，因为年轻时读不懂其中的深意。”——纳瓦尔

## 纳瓦尔的阅读心得

“我阅读不是为了自我提升，而是出于好奇心和兴趣。最好的书就是让人欲罢不能、爱不释手的书。”

“我在分享书目的时候，大概有2/3的书是不会说的。之所以不说，是因为我觉得不好意思。我什么书都读，包括被别人视为垃圾的书，甚至别人认为应该受到谴责的书。我也读那些跟我观点完全相反的书，以此启发自己思考。”

# 岛语

ZHISLAND TIME

# 10年：100万与1000万

作者：陈为 正和岛副总裁、总编辑

一

2022年9月27日，正和岛视频号后台订阅用户显示了一个我们期待已久的数目：100万。这是一个让我们的视频团队备受激励的里程碑。

视频传播无疑是一股大潮，作为一个在商业内容领域精耕多年的团队，我们不能只是观潮，更要弄潮。从两年前启动视频业务至今，正和岛视频团队在各视频平台已收获近300万用户。加上公众号与第三方平台的用户，2023年，正和岛内容团队预计将拥有1000万用户，成为中国最大的聚焦企业家与管理者的新媒体平台。

二

视频号的“100万”，也表征着自2012年正和岛开岛至今，我们终于打造了一个全能型的内容团队，创造了一个出版、微信公众号与视频三花并蒂、各放异彩的内容生态。

**1. 出版**

正和岛开岛之初，我们便开始编撰面向企业家的内刊《决策参考》，定位为“越重要的人越需要”，它是我们创业初期企业家会员最看重的内容产品。2022年，在创刊10年之际，我们将其全面升级，更名《决策之道》公开出版。

《决策之道》一直深受认可，我认为主要是两点原因：内容上，它立足于决策者的实际问题与实际场景，规避了媒体化的外部视角与流量驱动；形式上，它一直奉行自成一体的“推荐制”，由高水准的专家、企业家推荐好书、好文章。

我们在出版领域的另一产品是“正和岛书系”，连续出版了多本销量与质量俱佳的好书，《本质》《打胜仗》与《大国大民》这几本书的销量都实现了15万+，《打胜仗》更被多地政府、众多企业作为教材组织学习。

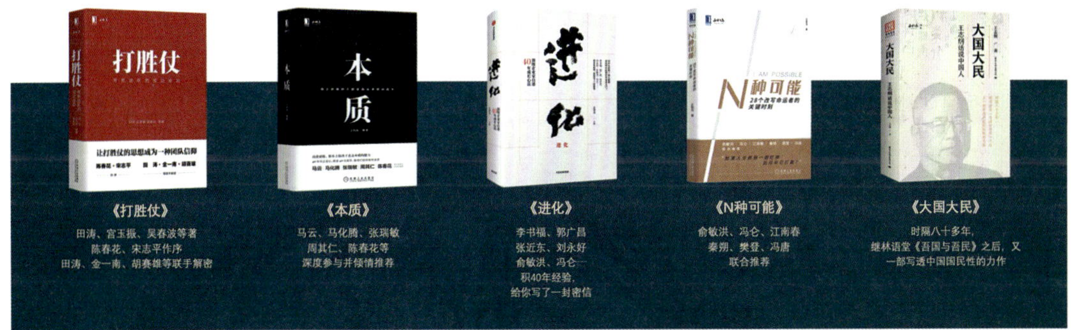


**2. 微信公众号**

2012年年底，微信推出公众号功能不久，我们开通了“正和岛”公众号，一开始即为它定下“聚焦企业家的想法、干法、活法与玩法”的方向。2016年，它乘势而上，实现了第一个“100万”的用户目标。到2022年年底，作为正和岛第一门户的“正和岛”公众号，订阅用户将突破300万。

除了“正和岛”公众号，公众号团队还运营“正和岛商业洞察”公众号、“正和岛标准”微博和多个第三方平台的“正和岛”账号，2022年年底，关注用户预计将达500万。

**3. 视频**

除了前面提到的短视频运营，我们的视频直播业务也初见成效。

2022年，视频团队出品的两季“十日谈”视频直播栏目广受好评。我们先后聚焦“看法与办法”“想法与活法”，每季邀请20位各界大咖齐聚一堂，探讨经济、商业、科技、文化等话题。再喧嚣混沌的世界，都会有清醒透彻的认知；再困顿茫然的境遇，都会有豁然开朗的方法；在一起，朝前看，总会有新看法、好办法。

目前，我们正在策划第三季“十日谈”，栏目预计于2022年11月登场。（十日谈商务合作请联系张女士，微信&电话：15810868900）

## 三

不少朋友问，你们的内容生态做得有声有色，秘诀是什么？

任何成果，都是多因一果：有长期主义，我们以10年为界，拿青春赌明天，10年已白少年头；有价值与价值观驱动，相信正道，坚持创造用户价值；有时与势，敏锐洞察，快速反应，顺势而为。如果非要说一点核心因素，作为正和岛内容团队的领头人，我也有认知上的更新：5年前，我会归因于专注；3年前，我会归因于创意；如今，我却更愿归因于富有成效的管理。任何集体成就，无不是管理的本质在发挥作用：选人，用人，培养人。

在这个承前启后的节点，我也决意在继续做强做优正和岛内容价值的同时，立足管理与企业研究，为企业家提供更好的智力支持与思想贡献。同时，借此感谢这些年来支持我们的读者、同行、合作伙伴与前辈，尤其是这几位良师益友：

**1. 田涛**

田涛老师是华为高级管理顾问，几十年来深度陪伴与研究华为，堪称“华为研究第一人”，独创了“管理—制度—人”的组织理论。今年，我和田涛老师合著了《理念：卓越组织的原动力》一书，之后，我们将沿着“理念—制度—人”这一理论框架持续研究。

**2. 宋志平**

宋志平会长曾带出中国建材、国药集团两家世界500强企业，目前是中国上市公司协会、中国企业改革与发展研究会双料会长。近年来，他深入走访100多家国内各领域的标杆企业，从做企业的心得到对企业的洞察，建立了自己的管理理念与体系。我们也将联合研究，发布专著。

**3. 王志纲**

王志纲老师早年立志走非官非商的“第三条道路”，几十年下来，他成了保持“自由思想、独立人格”的少数派。自5年前首次访谈结缘，我们深入合作，推出诸多内容爆品。2023年，他的重磅专栏《我们这代中国人》将在正和岛独家发布。

**4. 吴晓波**

多年前我读吴晓波老师的《激荡三十年》，对商业产生兴趣。未料2016年正和岛公众号融资，作为正和岛子公司独立运营（2018年回归总部）时，吴晓波老师出手相助，成为我的投资人。多年来，他的勤勉、博学与温暖一直激励着我。

**5. 刘东华**

中国现代企业历史并不长，刘东华老师自20世纪80年代开始一路见证并参与中国企业家的成长历程，带领《中国企业家》走上高峰，并先后创办中国企业家俱乐部与正和岛，是几代企业家的“自己人”与“故事库”。

他将正和岛的价值观确定为“大爱、专业、强悍、浪漫”4个词，我想，自己从正和岛开岛就选择这里并深耕10年，恐怕还是因为本质上我们都是红尘俗世里有几份天真的浪漫者。

## 四

2022年是正和岛10周年，我策划的司庆主题是“10周年，正青春”。关于青春，木心说，那种吃苦也像享乐似的岁月，便叫青春。新的10年，注定生机无限，却又苦乐相伴，唯愿我们以青春的心境，作少年游。

当下，环境复杂，时代巨变，多种不确定激荡演化。所幸，我们依然保有做好内容的初心，依然拥有助力企业家的激情。也希望阴晴不定、晦暗不明之时，那些左右徘徊、进退失据的人们能记得周星驰的一句话。“为什么坚持，想一想当初。”

# 联结、分享、共进：《决策之道》线下读书会成功举办

2022年6月付梓的《决策之道》（第3辑）正值创刊第100期，编委会特别策划的“穿越企业生命周期”专题邀请到众多思想大咖共论企业经营周期观，内容精彩纷呈，得到众多读者反馈好评。由此机缘，《决策之道》在2022年8月迎来了首次线下读书会，邀请多位作者莅临分享，与热心读者齐聚一堂，面对面探讨对企业生命周期的感悟。此次活动由正和岛、中国财富出版社和连界创新联合主办，30余位《决策之道》读者来到现场，数千位观众观看了线上直播。

人文财经观察家、《决策之道》（第3辑）客座总编辑秦朔以视频连线的形式，开启了读书会现场的分享。秦朔在视频对话中为中国民营企业带来建言：政策、市场的变化，让过往的扩张逻辑行不通了，过往做企业可能是九生一死，未来会是九死一生。经济周期交替是无可回避的规律，企业创造的价值将决定企业能走多远。

莅临读书会现场旁听的新加坡国立大学商学院兼任教授周宏骐随后也登台分享，讲述了自己进行企业研究的相关经历。

连界董事长、产业生态投资人王玥以“为什么做企业必须了解企业的生命周期”为主题，带来了一场精彩的企业经营主题“脱口秀”。他现场解读企业生命周期的构成，提出企业在不同阶段会遇到不同的致命问题，企业家可以由此诊断自己的企业。他还表示，企业生命周期其实是企业家精神的盛衰史，其内涵是无中生有、向死而生，面对风险和困难不断迎难而上、创造价值。

家族风险官、北京德谕泽律师事务所创始人高鸣飞随后进行了“家族企业如何做好传承”的主题分享，她从家族企业传承法律风险管理的角度提出了自己的专业建议，讲述了家族传承的“七大法宝”。

连界董事长、产业生态投资人 王玥

家族风险官、北京德谕泽律师事务所创始人 高鸣飞

国富资本董事长熊焰也通过视频分享了自己对“中国的产业周期与投资机会”的思考。

嘉宾分享环节结束后，多位读者带着关切的问题对嘉宾进行提问。读者之间也进行了热烈、轻松的交流，探讨心得、分享资源、合影留念。

本辑客座总编辑

# 彭凯平教授部分著作

《吾心可鉴——澎湃的福流》

《吾心可鉴——跨文化沟通》

《活出心花怒放的人生》

微信公众号：彭凯平

新浪微博：彭凯平

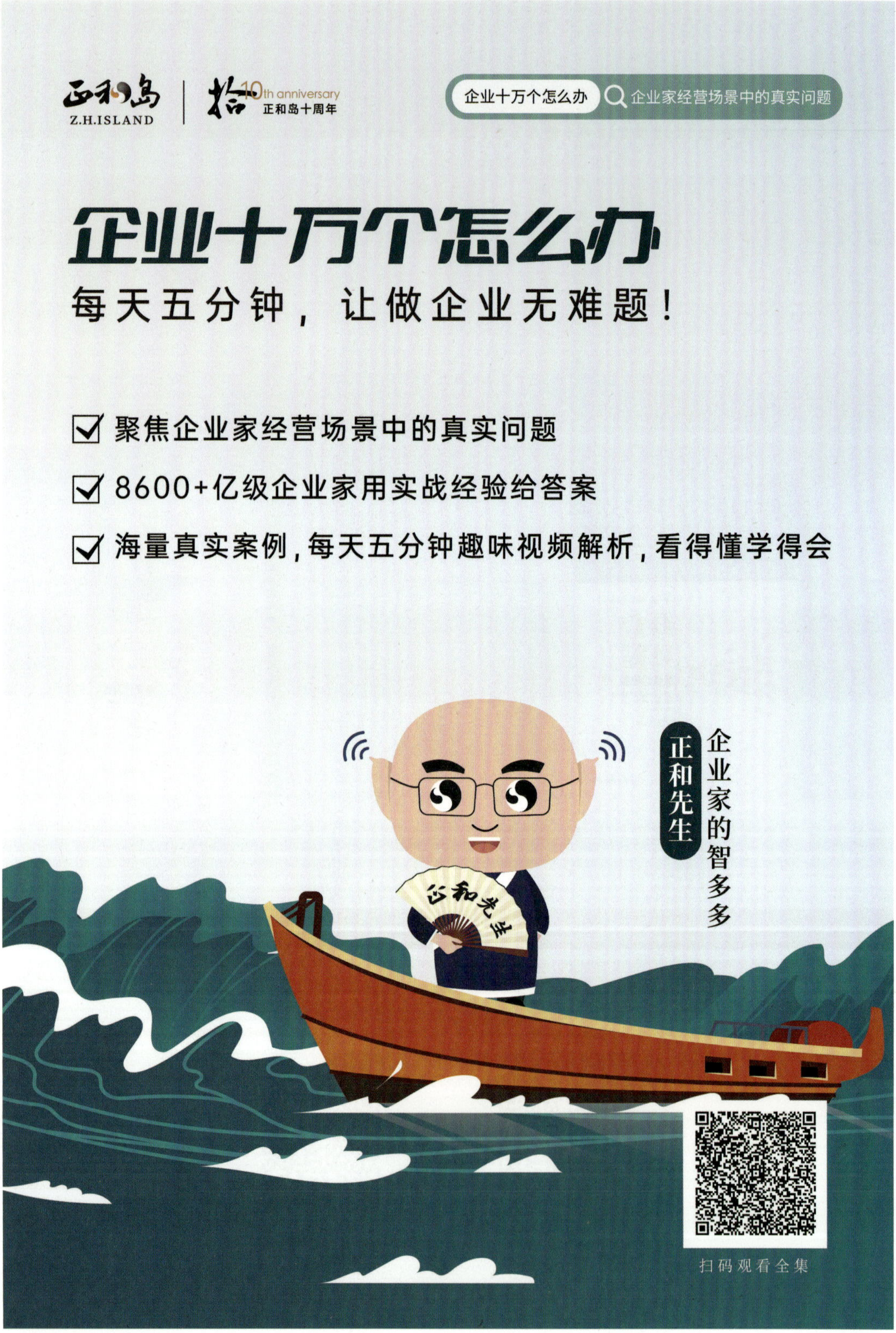
正和岛
Z.H.ISLAND
拾 10th anniversary
正和岛十周年
企业十万个怎么办
企业家经营场景中的真实问题
企业十万个怎么办
每天五分钟，让做企业无难题！
聚焦企业家经营场景中的真实问题
8600+亿级企业家用实战经验给答案
海量真实案例，每天五分钟趣味视频解析，看得懂学得会
正和先生
企业家的智多多
正和先生
扫码观看全集

# 正和岛价值

正和岛是
基于信任链接的企业家供需适配平台，
用线上线下相结合的方式，
为企业家提供信用社交、学习社交、合作社交三重价值。

**信用社交**是基础价值和前提价值。正和岛通过严格的登岛审核与推荐人制度让“对的人”在一起，帮助企业家降低信任成本，建立最可靠、最值得信任的企业家学习成长合作平台。正和岛平台已有超过 8000 位企业家岛邻，被称为中国商界最低信任成本的人脉金矿。

**学习社交**是主体价值与核心价值。正和岛用全新的学习方式推进企业家互为老师、相互学习，帮助企业家掌握移动互联时代高效学习的法门。正和岛平台生产的高品质商业资讯（正和岛官方公众号、《决策之道》、官微、案例等），岛师塾，正和塾学习小组，正和岛线上公开课等成为最受企业家岛邻欢迎的学习工具和学习方式。通过正和学习法，为企业家及创业者提供精准适配、个性化定制的学习服务，成为最可靠、最值得信任的企业家学习成长平台。

**合作社交**是长远价值与深度价值。在企业家相互了解、日益信任的基础上，开展各种商业合作和资源对接，降低合作成本，实现优势互补、互利共赢。

# 五戒

无良知的享乐

无原则的行善

无尊严的人格

无底线的商业

无诚信的交往